aprender a vivir sin violencia

Disclaimer

The problem of domestic violence has recently received considerable attention in the press. Over the past ten years, counseling programs for male batterers, and books such as *Learning to Live Without Violence,* have become increasingly available to men. As a result, many men are receiving violence prevention counseling services and are able to read books on this topic that were not available in the past. However, even when men go into counseling or pick up a book on stopping violence, there continues to exist a real and present risk for continued violence.

This book is not meant to be a replacement for therapy by a licensed professional who has extensive training in domestic violence assessment and treatment. Self-help books, like *Learning to Live Without Violence,* are meant to stimulate thought, suggest new ways of solving problems, and encourage individuals to seek professional counseling if problems persist. The techniques in the book are meant to be guidelines, and are not guaranteed prescriptions for stopping violent behaviors. Emotional problems such as violence potentially affect the health and well-being of the reader as well as others, and therefore professional help is needed to break those patterns.

Once a book is written and published, the author cannot guarantee that every reader will understand exactly the intent of the material. Nor is the author available to clarify the material to the reader. Therefore it is up to you, the reader, to make sure that your questions are answered by a qualified and ethical professional who has extensive training and experience in this field. If you are seeking counseling, do not be afraid to interview several therapists before making a decision. Be wary of guarantees of successful results or quick fixes. **Be particularly suspicious of any therapist or counselor who tells you that their way is the only way to change.** Research in the field of domestic violence has not progressed to the point that we know of any guaranteed method that will work with all men who are violent. In fact, it has been our experience that one person may respond equally well to a number of approaches, while another may need a highly specific, unique treatment approach.

Lastly, do not be afraid to use your own common sense. If something sounds wrong or makes you feel uncomfortable, follow your instincts. Do not let yourself get talked into believing or doing anything that is inconsistent with your own needs or personal values.

Daniel Jay Sonkin, Ph.D.

Michael Durphy, M.D.

July 1997

aprender a vivir sin violencia

MANUAL PARA HOMBRES

Daniel Jay Sonkin, Ph.D.

y Michael Durphy, M.D.

Adaptado al español: Jorge Corsi

VOLCANO
· PRESS ·

First printing, Volcano Press, Inc., 1982

Library of Congress Cataloging-in-Publication Data

Sonkin, Daniel Jay
[Learning to live without violence. Spanish]
Aprender a vivir sin violencia: manual para hombres/ autores, Daniel Sonkin y Michael Durphy: adaptado al español, Jorge Corsi.
p. cm.
ISBN 1-884244-07-6
1. Wife Abuse-United States-Prevention. 2. Abusive men–Counseling of-United States 3. Family violence-United States Psychological aspects. I. Durphy, Michael II. Title.
[HV6626.S6518   1997]
362.8'3-dc21   97-12105
                                                           CIP

Volcano Press participates in the Cataloging in Publication program of the Library of Congress. However, in our opinion, the data provided above by CIP for this book does not adequately nor accurately reflect the book's scope and content. Therefore, we are offering our librarian and bookstore users the choice between CIP's treatment and an Alternative CIP prepared by Sanford Berman, Head Cataloger at Hennepin County Library, Edina, Minnesota.

Alternative Cataloging-in-Publication Data
Sonkin, Daniel Jay
Learning to live without violence: a handbook for men. By Daniel Jay Sonkin and Michael Durphy. Updated, expanded edition. Volcano, CA: Volcano Press copyright © 1989, 1997.
PARTIAL CONTENTS: The men, women, and children. -Anger management. -Alcohol, other drugs and violence. -Feelings and communication. -Becoming an assertive man. -Stress reduction. -Changing patterns with your partner. -What if she leaves?
1. Family violence-Prevention. 2. Woman battering-Prevention. 3. Woman batterers' services. 4. Violence in men-Prevention. 5. Stress management for men. 6. Woman batterers-Psychotherapy. 7. Letting go (Psychology). 8. Anger in men-Control. 9. Assertiveness training for men. I. Volcano Press. II. Durphy, Michael. III. Title. IV. Title: Living without violence: a handbook for men. V. Without violence: a handbook for men.
362.882

Please enclose $14.95 for each copy of *Aprender a Vivir Sin Violencia* ordered. For postage and handling, add $4.50 for the first book and $1.50 postage for each additional book. California residents please add appropriate sales tax. Please contact Volcano Press for quantity discount prices.

Volcano Press, Inc., P.O. Box 270, Volcano, CA 95689   (209) 296-3445   Fax: (209) 296-4995
                                                              FOR ORDERS ONLY: (800) 879-9636
                                                              http://www.volcanopress.com
                                                              e-mail: info@volcanopress.com

INDICE

AGRADECIMIENTOS

Quisiéramos agradecer a todo el staff del Proyecto de Violencia Familiar de la Oficina Legal del Distrito de San Francisco por su aliento, por el intercambio de ideas que hemos tenido y por su generoso apoyo para la reproducción y distribución de la primera versión de este trabajo.

Agradecemos especialmente a Michael Searle por su permanente apoyo y dedicación a la tarea de ayudar a los hombres a aprender a vivir sin violencia, y por hacernos notar el tema del aislamiento de estos hombres.

Asimismo, han sido fundamentales para el desarrollo de *Aprender a Vivir sin Violencia* Wendy Homer y Linda Gore del Programa de Violencia Doméstica de Martin County, California; Anne Ganley y Lance Harris del Hospital de Veteranos American Lake, en Tacoma, Washington; Del Martin, Lenore Walker y otros muchos hombres y mujeres del movimiento de mujeres golpeadas, sin cuya devoción, persistencia y habilidades, no podríamos estar haciendo lo que hacemos en la actualidad.

Tambien queremos agradecer a Ellen Brauneck y Patricia Danielson por su excelente preparación de la primera y la última versión de este libro.

Por último, pero no por eso menos importante, gracias a todos los hombres que nos consultaron con el objetivo de *Aprender a Vivir sin Violencia.*

INTRODUCCION

El tema de la violencia doméstica ha comenzado a recibir la atención que merece en los últimos tiempos. En los últimos siete años el foco del movimiento estuvo centrado en la organización de refugios para mujeres golpeadas y sus hijos. Esto fue lo correcto, dado que son las vidas de mujeres golpeadas las que están en peligro y necesitan protección inmediata. Además de organizar refugios, también han resultado prioritarios lograr la conciencia colectiva y educar a la comunidad sobre este tema.

Más recientemente, motivado por la mayor comprensión del problema, los programas de refugio y la comunidad en general han reconocido la necesidad de contar con programas de atención a los hombres abusadores. Por eso comenzó la existencia de *Aprender a Vivir sin Violencia,* un servicio para la atención de los hombres que ejercen violencia doméstica.

La ley de California, como en muchos otros Estados, obliga a la persona que es arrestada como consecuencia de actos de violencia doméstica a optar entre asistir a un programa de counseling o enfrentar un proceso, con la posibilidad de ser encarcelado durante un tiempo. Este tema va a ser discutido más adelante, en el Capítulo 13.

En enero de 1980, en Marin County, California, organizamos un grupo para hombres golpeadores. Con el apoyo y la asistencia del Domestic Violence Diversion Program y otras agencias comunitarias, fundamos el mencionado grupo.

A este grupo lo llamamos *Aprender a Vivir sin Violencia,* y en él utilizamos tanto las técnicas tradicionales del counseling como métodos educativos para que los hombres aprendan formas de enfrentar sus enojos, frustraciones y estrés.

Este manual fue escrito por muchas razones: primero, por la carencia de material de lectura para los hombres golpeadores; segundo, para que los hombres participantes de los grupos tuvieran una guia permanente en su tarea de detener la violencia; y tercero, para que se constituya en el primer paso para los hombres que no pertenecen al grupo, en el camino de buscar ayuda.

Esperamos que este manual sirva para que los hombres comiencen a examinar sus vidas, y comiencen a darse cuenta de que pueden controlar su propia conducta, dando los primeros parsos para *Aprender a Vivir sin Violencia.*

Daniel Sonkin

Michael Durphy

Marin County, California

1997

COMO USAR ESTE MANUAL

El propósito primario de este manual es el de asistir a los hombres que desean dejar de usar la violencia física, sexual y psicológica en sus relaciones personales. Asimismo, el libro puede ayudar a hombres que todavía no han sido violentos, pero temen serlo alguna vez. Secundariamente, este manual contribuirá a definir algunas formas específicas para tener relaciones más plenas.

Este manual no pretende reemplazar la consulta profesional. Tenemos la firme convicción de que, para asegurar la finalización de la violencia en las relaciones íntimas, los hombres necesitan asistir a sesiones semanales de counseling durante un período de tiempo. Cuando la violencia haya finalizado, en los casos en que la pareja desee continuar unida, puede incluirse la terapia de pareja como parte del plan. Si usted está buscando ayuda, puede leer el Capítulo 12 en primer lugar. En él discutimos acerca de cómo encontrar alguien que lo pueda ayudar con este problema. Este manual intenta ser un complemento para las intervenciones profesionales, ya sean estas individuales, grupales o de pareja. También puede ser utilizado como una herramienta para mantener la violencia bajo control mientras se busca ayuda profesional.

Los Capítulos 1 y 2 intentan ayudar a los hombres a entender cómo y porqué ocurre la violencia doméstica.

Desde el Capítulo 3 hasta el Capítulo 11 van a encontrar ejercicios específicos sumamente útiles para detener la conducta violenta y mejorar su comunicación. Cada capítulo puede ser completado en una o dos semanas. Hay ejercicios específicos para ser realizados en el hogar, en el transcurso de cada semana. Tambien hay instrucciones al comienzo de cada capítulo. De este modo, el manual puede ser usado como un "texto programado", complementario de las sesiones semanales de counseling. Para completar este libro pueden ser necesarias 14 semanas.

La primera semana lean los Capítulos 1, 2 y 3. Hagan las tareas y ejercicios del capítulo 3 y ya habrán comenzado el camino para *Aprender a Vivir sin Violencia.*

Lea los Capítulos 1, 2 y 3. Tome los Tiempo-Afuera que necesite y haga la prácticas de Tiempo-Afuera que sean necesarias.

A Note to Our Colleagues

Research shows that domestic violence is a potentially lethal situation that must be dealt with directly by both client and counselor. Our experience, and that of many other counselors in this field, has shown that a style of counseling which focuses on the immediate stopping of violent behaviors through the use of anger management, communication, education about sex role attitudes, power and control in relationships, and self-esteem building has proven to be most effective in helping men to eliminate family violence from their lives.

Today, many professional training methods are including theoretical and practical work in the field of domestic violence. There is also a growing body of research and clinical literature on this issue. We encourage you to familiarize yourself with this material so that you may have a better understanding of how to best address this serious problem. You may also wish to purchase a copy of Daniel Sonkin's book, *The Counselor's Guide to Learning to Live Without Violence*, published by Volcano Press (July 1995).

Because of the high lethality inherent in dealing with domestic violence cases, only licensed mental health professionals, criminal justice personnel or paraprofessionals with extensive training in the assessment and treatment of violent individuals and crisis intervention situations should attempt to counsel male batterers. In addition, counselors must be knowledgeable of legal and ethical issues relating to dangerous clients. **Unlicensed practitioners, in particular, should have an understanding of the limits of their knowledge and experience, and therefore know when to consult with trained professionals.** We encourage counselors working with this population to obtain on-going consultations with other professionals knowledgeable of this client population.

Court-mandated counseling of male batterers is a common reality across the United States. Jurisdictions vary, however, as to how long perpetrators are mandated to counseling. Court-ordered treatment can range from six weeks to two years, depending on the law and the judge. California recently passed a law requiring that batterers' treatment last a minimum of fifty-two weeks. Research has demonstrated that most men who abuse women need long-term, offender-specific treatment to change their violent behavior. This process begins with the assessment and crisis management phase, followed by extended management and long-term recovery. *Learning to Live Without Violence* provides methods for addressing the unique goals of the first phase, assessment and crisis management, while also preparing these individuals for the latter phases of the treatment process. In this update of *Learning to Live Without Violence,* you will find extensive additional material to aid in the assessment of individuals' progress at the end of the twelve-week program, and suggestions for advanced work in anger management.

When *Learning to Live Without Violence* was first written in 1982, we were using it in long-term, open-ended groups where men participated for one to two years. Over the years, we have heard about *Learning to Live Without Violence* being used in a variety of clinical situations. It has been used in twelve and twenty-four (one chapter every two weeks) week short-term educational groups. It has also been used in long-term psychotherapy groups. Counselors have used it as an adjunct to their individual counseling with male batterers. Some therapists have used *Learning to Live Without Violence* with couples. In summary, its use has been only limited by the counselor's imagination. We encourage you to use *Learning to Live Without Violence* the way it best serves your needs.

Most important, we would like to reiterate that incidents of domestic violence have a very high frequency of serious injury or death. This is why we say, "Stop the violence first," and then work on underlying psychological issues that may have predisposed the man to violence.

Should you have an experience you would like to share with us, or need additional information on this issue, feel free to contact the battered women's shelter or program in your area or write to us at the following address:

Daniel Jay Sonkin, Ph.D.
Michael Durphy, M.D.

July 1997

Volcano Press, Inc.
P.O. Box 270
Volcano, CA 95689
(209) 296-3445, fax (209) 296-4515
e-mail: info@volcanopress.com

CAPITULO I:

LO QUE SE DEBE SABER ACERCA DE LA VIOLENCIA DOMÉSTICA

La Violencia Doméstica afecta a hombres y mujeres de todas las edades, razas, religiones y niveles de ingreso.

Se estima que entre un tercio y la mitad de los hogares americanos experimentan alguna forma de Violencia Doméstica.

La Violencia Doméstica adopta múltiples formas: abuso conyugal, maltrato hacia los niños, abuso sexual a niños y niñas, maltrato a los ancianos, maltrato a los padres por parte de los hijos o violencia entre hermanos.

Este manual se va a centrar principalmente en el abuso hacia las esposas, aunque muchas de las técnicas que en él se discuten pueden ser utilizadas para otros tipos de violencia doméstica.

Cuando hablamos de violencia conyugal nos estamos refiriendo al hombre que abusa de su esposa, novia o compañera. Frecuentemente nos preguntan: "¿y qué pasa con las mujeres que abusan de los hombres?". Esto es algo que ocurre a veces, pero no tan frecuentemente como el abuso hacia las mujeres. Además, por la diferencia de fuerza, es la mujer quien sufre los mayores daños. Cuando las mujeres actúan violentamente, por lo general es una respuesta al hecho de haber sido abusadas durante un período de tiempo.

Se estima que un 25% de las mujeres maltratadas son golpeadas durante el embarazo. Muchas de ellas sufren abortos como resultado de la violencia.

También se estima que entre el 25% y el 30% de los homicidios son de índole doméstica. Cuando ocurre un homicidio doméstico entre esposo y esposa, tanto uno como la otra pueden ser las víctimas, en iguales proporciones. Las mujeres hartas de ser abusadas pueden sentir que el único camino para finalizar con la violencia es matarlo a él. Los hombres que se ven sobrepasados por su conducta violenta, a menudo matan a su víctima.

Un estudio mostró que las mujeres matan a sus esposos en defensa propia con una frecuencia siete veces mayor que la de los esposos que matan a sus mujeres en defensa propia.

En un 60 a 80% de los incidentes violentos el golpeador (y a veces la mujer golpeada) se encuentra bajo el efecto de alcohol u otras drogas. Las drogas no son la causa de la violencia, pero pueden ser un factor que contribuye a generar una discusión o una situación conflictiva.

En un 50% de las familias donde las esposas son abusadas, los hijos también son maltratados o descuidados. De los varones de entre 11 y 20 años que cometen homicidio, el 63% mata al hombre que está golpeando a sus madres.

Más del 65% de los hombres que hemos visto durante estos años provienen de hogares en los que eran testigos de cómo sus padres maltrataban a sus madres, o en los que ellos mismos eran maltratados. Esto nos muestra cómo el abuso conyugal afecta a los hijos. Los niños aprenden que la violencia es un modo legítimo de expresar el enojo, la frustración y el estrés. Las niñas aprenden a aceptarla y a vivir con ella.

El abuso conyugal no afecta sólo a la familia involucrada. Los agentes policiales que responden a los llamados por violencia doméstica, a menudo son heridos. También pueden serlo los miembros de la familia o los vecinos que intentan intervenir. Las mujeres suelen perder el trabajo por causa de las consecuencias del maltrato en su salud. Los hombres pierden sus trabajos por causa de los arrestos. Muchas veces las mujeres necesitan atención médica, y eso cuesta dinero. Si se utiliza el seguro médico, consecuentemente aumentan los impuestos. Si interviene la justicia, hay que tener en cuenta los honorarios de los abogados y el ausentismo laboral que ello implica. Los hijos a menudo quedan atrapados entre su padre y su madre; intervienen los familiares políticos y se incrementa la tensión entre los miembros de la familia.

Como ya lo hemos señalado, el abuso conyugal tiene una alta frecuencia y constituye un serio problema en nuestra sociedad. Hombres y mujeres han estado trabajando mucho en este campo, procurando entender la naturaleza de la violencia doméstica, con el objetivo de poder ayudar a las familias involucradas.

Porqué los hombres golpean?

La primera razón por la cual un hombre utiliza la violencia es porque le da resultados!

La violencia pone rápido final a una discusión emocional o a una situación que se le está escapando de su control. Es también una forma de descargar la frustración generada fuera o dentro del hogar.

Aunque es efectiva en el corto plazo, la violencia tiene una larga lista de desgraciados y prolongados efectos, que pueden aparecer a continuación del primer incidente o después de meses o años de relación. Pueden consistir en miedo o desconfianza, rechazo al contacto (especialmente sexual), disminución de la autoestima en ambos miembros de la pareja y, eventualmente, la destrucción de la relación.

Entonces, ¿porqué utilizar la violencia?

Existen otros métodos para terminar una discusión o para retomar el control, y el propósito de este libro es enseñar cómo utilizarlos. Tómese un momento para pensar acerca de las alternativas a las que usted podría recurrir en su situación; probablemente se le ocurran algunas de las que nosotros le sugeriremos, ya que sólo son producto del sentido común.

Los hombres no utilizan alternativas a la violencia porque son educados para la violencia. Vivimos en una cultura violenta. La vemos en las noticias que aparecen en los periódicos, en los programas de TV, en los dibujos animados y en los deportes. La violencia nos llama la atención para vendernos autos o cigarrillos y tiene un impacto emocional sobre nosotros. Aprendemos que la violencia es efectiva y nosotros, como hombres, tenemos que alcanzar una autoimagen que incluya la violencia.

Reflexionemos acerca de qué es lo que la sociedad nos dice sobre un "verdadero hombre". Un verdadero hombre siempre se mantiene "frío", siempre es racional y conoce las respuestas; nunca rehuye una pelea; tiene una carrera exitosa y gana mucho dinero; un verdadero hombre siempre es capaz de mantener a su familia; es duro y fuerte; nunca expresa sus sentimientos; un verdadero hombre nunca falla. ¿Cuántos hombres pueden mantener esta imagen? No muchos. Todos nosotros nos sentimos muchas veces acorralados por esas expectativas, que no nos dejan lugar para cometer errores, para comprometernos o, para decirlo en pocas palabras, para ser humanos.

Cuando somos jóvenes, los varones aprendemos un "lenguaje" diferente al de las niñas en lo que respecta a la violencia. Estamos expuestos a deportes físicos y a juegos rudos y violentos. Estos comienzan a percibirse como formas de relajar tensiones y ansiedad, como así también de expresar amistad. A partir del contacto físico, pueden surgir diferentes sentimientos. Este entrenamiento hace más probable que se utilice la violencia como una forma de expresar frustración, enojo o miedo.

Nuestra sociedad también parece decirnos que, dentro de determinados límites, es correcto el uso de la violencia en el hogar. Nos dicen que está bien castigar físicamente a nuestros hijos, o darle una bofetada a nuestra esposa, siempre que no los lastimemos. El mensaje es: la casa del hombre es su castillo, y su esposa es su propiedad. Aprendemos esas ideas y, si queremos terminar con la violencia, debemos desaprenderlas. Incluso la violencia "leve" en el hogar ocasiona daños y puede dejar profundas cicatrices emocionales.

Cada uno de nosotros también aprende la violencia en nuestras familias de origen. Piense en la violencia que usted puede haber experimentado en la suya propia. ¿Ha tenido algún efecto sobre usted? Si usted es como la mayoría de los hombres que han experimentado violencia familiar mientras crecían, seguramente todavía debe estar sintiendo el daño que le causó.

Se podría pensar que si fuimos lastimados por la violencia en nuestros primeros años, no la vamos a utilizar cuando nos transformemos en esposos o en padres. Sin embargo, ocurre lo contrario. Seguimos los pasos de nuestros padres (a veces de nuestras madres), haciendo aquello que ellos nos mostraron como formas de manejar el estrés y el enojo. Aprendemos que la violencia es la única vía posible para la resolución de conflictos. Sin embargo, una y otra vez se ha podido probar que usted puede aprender a transitar otro camino.

El alcohol y otras drogas desempeñan un rol en muchas situaciones de violencia doméstica. No son la causa de la violencia, pero colocan a la persona en un estado mental de mayor irritabilidad y de menor inhibición. Algunas personas, cuando no pueden manejar el estrés y el conflicto, usan la violencia; otras usan el alcohol o las drogas. Algunos recurren a todas ellas.

Los hombres también pueden aprender a ser violentos dentro de la propia relación marital. A veces, cuando el hombre golpea a su mujer durante una situación de enojo y luego no surgen consecuencias negativas para él, y no examina cómo y porqué su enojo llegó hasta ese punto, durante la próxima situación conflictiva puede llegar a considerar subconscientemente a la violencia como una opción válida.

Cada hombre que utiliza la violencia en su hogar tiene sus propias razones para hacerlo. Dichas razones pueden ser simples o complejas, pragmáticas, racionalizadas o consistentes en poner la culpa en su pareja. Nosotros creemos que ninguna de ellas justifica la violencia, pero comprenderlas y ubicarlas en su propio contexto puede ayudarlo a eliminar la violencia de su vida.

Aislamiento

¿Cuantos amigos varones o mujeres tiene usted? ¿Puede confiar en sus amigos/as, contarles sus cosas personales, hablar sobre la violencia?

A lo largo de los años hemos encontrado que muchos de los hombres que nos consultan, están aislados. Cuando hablamos de aislamiento no nos referimos al simple hecho de tener

3

contacto con otras personas, aunque muchos hombres estén literalmente aislados en este sentido. Nos referimos, más bien, a la calidad del contacto.

Por ejemplo cuando usted conversa con sus amigos, habla de deportes y de trabajo o puede hablar de los problemas de su hogar y de la violencia?. Como dijimos antes, parte del entrenamiento que recibimos cuando jóvenes consiste en aprender las reglas acerca de como relacionarse con los amigos, especialmente con otros hombres. Por ejemplo se les enseña a los hombres que hablar de los problemas del hogar es un signo de debilidad. Solo es permitido hacerlo cuando el problema es "por culpa de ella". Como resultado de este entrenamiento los hombres tienden a estar emocionalmente aislados por sus relaciones, especialmente con otros hombres. Básicamente el aislamiento emocional es no conversar acerca de nuestros sentimientos con otras personas, por miedo a lo que ellas puedan pensar de nosotros. Queremos estar seguros de que todos saben que no nos apartamos de la imagen masculina ideal. En nuestra experiencia, este tipo de aislamiento emocional produce estrés y el estrés puede incrementar el riesgo de conflicto y el sentimiento de no ser comprendido.

Muchos hombres sienten vergüenza y culpa por sus relaciones violentas. Como consecuencia de ello pueden tener dificultades para hablar de la violencia con otras personas, lo cual produce sentimientos de soledad y aislamiento.

Por estas razones, nosotros preferimos tratar a los hombres en grupo y no individualmente. Reiteradamente, hemos escuchado frases como esta: "Es bueno saber que existen otros hombres con este problema", o "Realmente ayuda tener apoyo de otros hombres que han pasado por lo mismo, y han logrado cambiar".

Quizá Ud. pueda ver ahora como se puede vivir con alguien, compartir la misma cama, estar con ella todo el tiempo y aún así sentirse aislado.

Más adelante trataremos el tema de la comunicación de los sentimientos. Este tipo de comunicación puede disminuir el aislamiento y aumentar la intimidad. Esto en su momento puede llevar a tener mejores sentimientos sobre uno mismo y sobre los demás.

La violencia doméstica y los militares

Recientes estudios han demostrado que las familias de militares experimentan una mayor incidencia de violencia doméstica. Además del entrenamiento que todos los hombres experimentamos al crecer en nuestra sociedad, los militares aprenden a luchar en la guerra. Esto hace que, para ellos, la violencia se convierta en un modo de vida.

Existen situaciones en las que la violencia no sólo es legal, sino que además se la considera necesaria, como por ejemplo la guerra o el trabajo policial. En otras situaciones la violencia no es legal, pero sí excusable por las circunstancias en que es utilizada, como por ejemplo la defensa propia. Pero en la mayoría de los casos, la violencia es ilegal, inapropiada e inexcusable. El maltrato hacia la esposa entra claramente en la tercer categoría. Si enseñamos a algunos profesionales, como los militares, a utilizar la violencia, no sólo debemos darles mensajes claros y consistentes acerca de cuando y donde es apropiada, sino que también deberíamos transmitirles mensajes claros y consistentes sobre donde y cuando es inapropiada.

Creemos que los hombres en la milicia pueden aprender a distinguir entre violencia apropiada e inapropiada. De hecho, los hombres que tienen relaciones saludables y no violentas en su casa, son los alcanzan un mejor rendimiento en sus trabajos.

El síndrome del estrés post-traumático

Recientes estudios indicaron que muchos hombres (y mujeres) que estuvieron en situaciones de combate tienen muchas veces sueños o pantallazos que los devuelven a aquellas situaciones. Incluso pueden llegar a creer que están aún en combate y actúan como si necesitaran protegerse por medio de ataques violentos y físicos o combatiendo contra otra persona.

Este comportamiento puede estar determinado por lo que se conoce como "síndrome del estrés post-traumático". La Administración de Veteranos ahora reconocen a este síndrome como común en muchos veteranos de guerra. A muchos de ellos les resulta útil hablar con otros hombres y mujeres acerca de como sus experiencias de la guerra los afectan en el presente. Su hospital local de Veteranos de Guerra debe conocer muchos de estos grupos o programas en su área.

El ciclo de la violencia

Lenore Walker, autora de *The Battered Woman* (ver las referencias bibliográficas), ha encontrado, conversando con muchas mujeres y hombres sobre sus relaciones, que existe un claro ciclo de la violencia que cada pareja experimenta a su propio modo.

Este ciclo tiene tres fases:

Fase 1: Acumulación de tensión.

Durante esta fase existe una tensión que puede ser resultado de las constantes discusiones, del silencio con que se tratan, o de la combinación de ambos. A veces aparece una violencia menor, otras veces no. Esta etapa puede durar desde días hasta años. La tensión se acumula y se acumula, hasta el momento de la explosión.

Fase 2: Episodio agudo de golpes

Esta etapa es acerca de la cual leemos en las noticias policiales de los periódicos. La violencia puede consistir en puñetazos, patadas, mordeduras, cachetadas, intentos de estrangulamiento, empujones, roturas de brazos y nariz, ojos negros o ataques con objetos que pueden lastimar.

Esta fase puede durar minutos o días. La violencia termina porque la mujer se va, porque se llama a la policía, porque el hombre toma conciencia de lo que está haciendo, o porque alguien necesita ser hospitalizado.

Fase 3: Período de tregua y calma amorosa

Durante esta etapa el hombre generalmente pide disculpas por lo que ha hecho. El está muy arrepentido. Puede comprarle flores y regalos, prometerle que nunca volverá a pasar, y a veces rogarle que lo perdone. La mujer generalmente lo perdona porque quiere creer que nunca volverá a ocurrir, aunque sabe que sí ocurrirá. Esta etapa se irá debilitando y la tensión de a poco volverá a acumularse.

Existen tres características importantes de este ciclo: Primero, cuantas más veces haya sido completado, es menor el tiempo que le lleva completarse. Por ejemplo: al principio de la relación puede haber sido necesario un año o dos para atravesar por las tres fases del ciclo. Diez años después, completarlas puede llevar sólo un mes. Se incrementa la frecuencia.

5

Segundo, cuanto mayor sea el tiempo en que el ciclo se cumpla ininterrumpidamente, la violencia se vuelve más grave. Por ejemplo: lo que al inicio de la relación eran patadas o puñetazos, diez años después pueden ser una nariz rota o heridas en la cabeza.

Tercero, cuanto mayor sea el tiempo en que el ciclo se cumpla ininterrumpidamente, la tercera fase se vuelve más corta. Por ejemplo: si al inicio de la relación el hombre se arrepintió y prometió que no volvería a ocurrir, diez años después, él ya no expresa su remordimiento, y la fase de acumulación de tensiones comienza inmediatamente después del episodio violento.

Teniendo en cuenta estas tres características, se puede observar que el ciclo no tiende a romperse espontáneamente. Es difícil romperlo y puede conducir a una situación letal. Quizá Ud. ahora reconozca su propia versión de este ciclo. Al haber tomado este libro y estar leyéndolo, usted ha dado el primer paso para detenerlo.

Felicitaciones!

CAPITULO II

¿QUE ES LA VIOLENCIA?

Cuando los hombres ingresan a nuestros grupos, rápidamente aprenden que todos tienen una definición distinta para la palabra violencia. Algunos piensan que una cachetada o un puñetazo no es violencia, mientras que otros hombres sienten que cualquier contacto físico colérico debe ser considerado violencia.

Ud. probablemente tendrá distintas definiciones acerca de la violencia doméstica que su vecino o que el hombre que está sentado a su lado en el autobús.

Consideramos que para que podamos entendernos, cada vez que utilicemos términos tales como "violencia", debemos compartir la definición acerca de su significado.

Nuestra definición puede ser distinta a la de Uds., pero por lo menos Uds. sabrán a qué nos referimos cuando hablamos de violencia a lo largo de este libro.

Por lo tanto, les proponemos una definición para trabajar:

Violencia es ejercitar una fuerza física para lastimar o abusar de otro.

La definición de Webster es buena pero incompleta, para nuestros propósitos. Cuando hablamos de violencia doméstica podemos estar aludiendo a cuatro tipos diferentes de violencia:

1. La violencia física

2. La violencia sexual

3. La destrucción de propiedades y mascotas

4. La violencia psicológica.

Tratemos ahora de definir claramente cada uno de estos tipos de violencia.

Violencia física

La violencia física es probablemente la primera en la cual pensamos cuando hablamos de violencia doméstica. Ella incluye: cachetadas, empujones, patadas, golpes de puño, heridas con armas u otros objetos.

Un hombre puede decir que tomar a su esposa de un brazo no es violencia, si lo que quiere es que ella esté con él. Es violencia si Ud. usa la fuerza física para obligar a alguien a hacer algo o ir a algún sitio en contra de su voluntad. "Ella me dio una cachetada en la cara, es eso violencia?". Nosotros decimos sí. No justificamos el uso de la violencia en nadie, salvo en defensa propia. Además, alejarse de alguien requiere menos esfuerzo que comenzar una pelea, tomar una venganza o darle una lección.

Violencia sexual

La violencia sexual no sólo ocurre entre extraños. De hecho, gran número de violaciones ocurren entre individuos que se conocen. Cuando alguien fuerza a otra persona a tener relaciones sexuales mediante la fuerza física, la amenaza, o la utilización de un arma, esto es considerado una violación y es una forma de violencia sexual. Otras formas incluyen actividades sexuales forzadas, (sexo oral, sodomía, etc.), relaciones forzadas con animales, con otra persona, o actividad sexual utilizando objetos.

En California, ahora es ilegal que un hombre obligue a su esposa a tener relaciones sexuales. Se denomina violación marital, y ya ha sido exitosamente probado en las cortes.

Destrucción de las propiedades y mascotas

Este tipo de violencia es probablemente la más fácil de comprender. Incluye arrojar objetos contra la pared, romper plantas, vajilla, destruir vidrios de ventanas, patear la puerta, romper el televisor, romper objetos con significación afectiva, matar una mascota, ser negligente con una mascota (por ejemplo, no darle comida, salidas, etc.).

Este tipo de violencia puede asustar mucho a quien la presencia porque se imagina a sí misma en el lugar del objeto. Además, un objeto arrojado al aire puede fácilmente lastimar a alguien, ya sea intencional o accidentalmente.

Violencia psicológica

Esta forma de violencia es probablemente la más difícil de explicar. Es más de lo que su nombre dice. Incluye una intensa y continúa degradación mental, amenazas de violencia, control de las acciones del otro, o de su conducta, mediante amenazas sobre su persona o manipulación psicológica que puede ser una forma del lavado de cerebro.

Una forma de esta violencia es el síndrome del rehén. Una persona secuestrada se vuelve psicológicamente dependiente de su captor, porque cada movimiento, necesidad y acción es monitoreada y controlada por él. En este sentido, el rehén se transforma en alguien completamente dependiente de su secuestrador.

Estos cuatro tipos de violencia tienen muchas cosas en común.

Primero, pueden ser usadas como modos de manejar el enojo, el estrés y la frustración.

Segundo, pueden tener serias consecuencias físicas y psicológicas.

Tercero, todas violan la ley.

Enojo vs. violencia

Cuando los hombres nos consultan, habitualmente les preguntamos "¿ha tratado de parar la violencia por sus medios, y qué ha hecho para ello?". Una respuesta que frecuentemente oímos es: "Sí, he tratado de resolverlo por mí mismo, intentando no enojarme."

Por esta razón, creemos que es importante reflexionar sobre la diferencia entre enojo y violencia. El enojo es una emoción, y la violencia es una conducta. El enojo es una emoción saludable. Es normal y natural que en el transcurso de la vida existan momentos en los que se sienta enojado, irritado, fastidiado, o incluso enfurecido.

Violencia, por otra parte, es sólo una de las formas de expresar el enojo. Además tiene una larga lista de consecuencias negativas. Puede significar la pérdida de una relación o puede llevar a ser arrestado, y definitivamente significa no quererse mucho uno mismo.

Existen varios modos de manejar el enojo y, por lo tanto, usted puede elegir entre ellos. Estos modos pueden ser útiles para usted, su pareja y su familia. El capítulo siguiente es una de esas alternativas.

CAPITULO III

¡COMO PARAR LA VIOLENCIA, AHORA!

El propósito de este capítulo es darle un método garantizado para detener la violencia desde ahora. Este método ha sido utilizado exitosamente por muchos hombres que participan en nuestro programa. Todo lo que requiere es su esfuerzo consciente para realizar los ejercicios firme y religiosamente. La clave es tomarse el

Tiempo afuera

Cada vez que usted siente que su enojo crece, su cuerpo se tensiona como si fuera a explotar, o comienza a sentirse frustrado o fuera de control, dígase fuerte a sí mismo y a su pareja "Estoy comenzando a enojarme, y necesito tomarme un tiempo-afuera".

Debe salir de su casa por una hora (ni más ni menos tiempo), durante la cual no puede beber ni manejar (a menos que esto último sea absolutamente necesario). Lo mejor es caminar o correr, realizar una actividad física. Si usted comienza a pensar en la situación que lo hizo enojar, dígase a sí mismo: "comienzo a enojarme y por ello necesito tomarme un tiempo-afuera". De este modo usted se estará tomando tanto un tiempo-afuera mental como un tiempo-afuera físico.

Después de una hora, cuando usted regrese, dígale a su pareja que viene de tomar un tiempo-afuera y pregúntele si desea conversar con usted. Si <u>ambos</u> desean discutir la situación, dígale qué lo hizo enojar. Puede ser que también desee contarle cómo le resultó la técnica del Tiempo-Afuera.

Si alguno de los dos no quiere hablar acerca de la situación, respete la necesidad de esa persona de no discutir. En cualquier caso, si usted advierte que nuevamente se enoja, tome otro **tiempo-afuera.**

Algunos temas de conversación pueden ser muy irritantes. Si esto es cierto en su caso, ponga estas cuestiones entre paréntesis durante un tiempo, reconociendo que es muy difícil para ambos discutir solos. Lleve estas y otras cuestiones a su consultor para que lo ayude a resolverlas. Aunque sea una cuestión importante, piense en sus prioridades. Nada puede ser más importante que terminar con la violencia!.

Examinemos ahora los diferentes aspectos del tiempo-afuera para ver cómo y porqué resulta útil.

YO . . .

Una expresión en primera persona; usted comienza a hablar de sí mismo, en vez de referirse a la otra persona o de acusar.

. . . COMIENZO A ENOJARME . . .

Usted habla acerca de lo que siente. Es una comunicación directa. No hay nada oscuro en esta expresión. Decir que usted está enojado lo hará sentirse <u>menos</u> enojado. Pruebe — le gustará!

. . . YO NECESITO TOMARME UN TIEMPO-AFUERA.

Otra expresión en primera persona. Usted también le está diciendo a su pareja que no la golpeará; en vez de hacerlo, hará algo distinto, como tomarse un tiempo-afuera. Tomarse el tiempo-afuera ayuda a construir la confianza con su pareja de que no habrá violencia.

. . . SALGA POR UN HORA . . .

Si sale y permanece afuera durante toda una hora, usted y ella podrán calmarse lo suficiente hasta el momento en que usted vuelva.

. . . NO BEBA NI CONDUZCA . . .

Las bebidas y las drogas sólo empeorarán la situación. No conduzca porque las calles ya están llenas de gente enojada!.

. . . REALICE ALGUNA ACTIVIDAD FISICA . . .

Ir a caminar, correr o andar en bicicleta le ayudará a descargar parte de la tensión de su cuerpo.

. . . VUELVA EN UNA HORA, NI ANTES NI DESPUES. . .

Si usted acuerda volver en una hora, cumpla con ello. Le ayudará a construir la confianza. Además, una hora le dará suficiente tiempo para enfriarse.

. . . AL REGRESAR HABLE ACERCA DE LO QUE LO HIZO ENOJAR . . .

Si lo único que hace es anunciar su llegada, completó el ejercicio. Si, además, conversa sobre qué le hizo enojarse, usted podrá practicar y experimentar la comunicación sobre cuestiones emocionales.

Cuando ha habido violencia en las relaciones, la confianza disminuye significativamente. El ejercicio del tiempo-afuera, no sólo le ayudará a frenar la violencia, sino también a reconstruir la confianza. Esto último lleva tiempo. Aunque haya tomado uno o dos tiempo-afuera, ello no significa que todo está bien. Sea paciente. Concéntrese en identificar su enojo y tomar su tiempo-afuera. El resto requiere tiempo.

Asegúrese de comunicarle a su pareja como funciona el tiempo-afuera. Incluso puede leer este capítulo en voz alta y compartirlo. Independientemente del modo en que lo haga, asegúrese que ella comprende lo que significa el tiempo-afuera, y cómo y por qué funciona.

El tiempo-afuera es difícil de llevar a cabo

Por qué? Porque los hombres crecemos creyendo que sólo un cobarde esquiva una pelea. Su impulso será estar allí hasta finalizar, o por lo menos tener la última palabra. Piense qué es para usted lo más importante. ¿Es más importante mantener su imagen de un "verdadero hombre" o detener la violencia?

Muchos hombres han expresado su temor de que su pareja se haya ido para cuando ellos regresen. Esto es parte de la construcción de la confianza; en tanto usted continúe haciendo su parte con los tiempos-afuera, la confianza crecerá.

El otro problema que frecuentemente los hombres encuentran en tomarse el tiempo-afuera es dejar el alcohol. Mucha gente usa alcohol para afrontar la soledad, y usted se sentirá un tanto solo en esta hora de tiempo-afuera. A menudo los hombres van a los bares cuando necesitan apoyo o conversar con alguien. Queremos enfatizar que el alcohol puede generar una discusión mucho peor ¡no beba!

Aunque tomar un tiempo-afuera sea inicialmente difícil para usted, comenzará a resultarle más fácil con el tiempo y con la práctica.

Ensaye el tiempo-afuera

Ensayar el tiempo-afuera le ayudará a tomar su tiempo-afuera real. ¿Qué es un ensayo de tiempo-afuera? Es lo mismo que un tiempo-afuera real, excepto por dos razones:

Primero, en un ensayo de tiempo-afuera, usted no está enojado. Es sólo ensayar decir las palabras y salir a caminar. Usted le dice a su pareja:" Este es un ensayo de tiempo-afuera"; más adelante podrá decir: "Comienzo a sentirme enojado y necesito tomar un tiempo-afuera".

La otra diferencia es que el ensayo de tiempo-afuera, a diferencia del tiempo-afuera real, dura sólo media hora.

Cuanto más ensaye el tiempo-afuera, más fácil le será llevar a cabo los tiempos-afuera reales.

Tarea

Realice tres tiempos-afuera de ensayo, y la cantidad que usted necesite cuando se enoja, irrita o enfurece. Si, aún cuando usted esté irritado. Si no puede tomar los tiempos-afuera cuando no los necesita, seguramente no lo hará cuando lo necesite. Además, cuando no se comunican las pequeñas irritaciones ni se las controla, se produce una escalada creciente de enojo y furia.

Algunos hombres han encontrado útil copiar estos recordatorios de tiempo-afuera y llevarlos consigo para recordar tomar sus tiempos-afuera.

TIEMPO-AFUERA DE ENSAYO

" Estoy comenzando a enojarme, necesito un TIEMPO-AFUERA".

Para ser llevado en todo momento, y para usarlo cuando sea necesario.

RECORDATORIO DE LOS ENSAYOS DE TIEMPO-AFUERA

"Esto es un tiempo-afuera de ensayo, comienzo a sentirme enojado y necesito un TIEMPO-AFUERA".

Para ser llevado en todo momento, y para usarlo cuando es necesario.

CAPITULO IV

RECONOCER EL ENOJO

Muchos hombres llegan a nuestros grupos pensando que el enojo y la violencia son una misma cosa.

Cuando quieren controlar su violencia, tratan de mantener el enojo bajo control. Es nuestra opinión que es normal y saludable sentir y expresar enojo. Intentar ocultar ese enojo casi siempre lleva a explosiones de violencia.

Cuando se expresa el enojo en el momento en que se lo siente, de manera directa y no intimidatoria, no se produce la acumulación de tensiones ni la presión creciente que pueden terminar en una explosión. El problema es que muchos hombres no se dan cuenta cuando comienzan a enojarse; la tensión crece en ellos sin que la registren, y entonces se producen los estallidos de violencia. Una de las razones para esto es que mucha gente ha aprendido desde la infancia que expresar el enojo no es bueno. Por lo tanto, mucha gente no presta atención a su propio enojo; y si lo hace, procura mantenerlo oculto.

Dado que la mayoría de nosotros aprendimos a ser intolerantes con el enojo, es común que lo expresemos de forma poco saludable. La violencia es una de esas formas, pero hay otras. ¿Recuerda la última vez que usted masticó bronca en su casa, o ignoró a su pareja? ¿Piensa que ella entendió que usted estaba enojado? Muchas veces expresamos enojo tratando de que nuestra pareja se sienta inferior. En realidad, solemos ser muy creativos para encontrar modos indirectos de expresar el enojo.

El primer paso para entender nuestros patrones de enojo consiste en revisar mensajes que hayamos podido recibir en el pasado.

Libreto del enojo

1. ¿Cómo se comportaba su madre?; ¿Cómo sabía usted que ella estaba enojada?.

2. ¿Cómo se comportaba su padre?; ¿Cómo sabía usted que él estaba enojado?

3. ¿Cómo se comportaba su hermano o hermana cuando se enojaban?

4. ¿Cómo se comportaba usted cuando se enojaba?

¿Qué mensajes le transmitían sus padres en cuanto a la manera en que usted expresaba su enojo? ¿Esto era aceptado o no? ¿Cómo sabía usted que era aceptado o no?

Mucha gente descubre que su comportamiento de enojo en la adultez es similar a la conducta de enojo que observaron o aprendieron en la niñez.

Como ya dijimos, la mayoría de los hombres no sabe que lo que están sintiendo es enojo hasta que llegan a la explosión.

Ahora veremos de qué manera usted puede identificar sus propias señales personales de enojo.

Señales corporales

¿Cómo se siente su cuerpo cuando usted está enojado? El enojo no expresado suele transformarse en ansiedad. Cuando una persona siente ansiedad, puede sentir que se tensionan los músculos del cuello, de la cara, del pecho, de los brazos o las piernas; puede tener dolor de estómago; quizá transpire o sienta frío; a veces respira más profundamente, más rápidamente o más despacio; otra posibilidad es que tenga un dolor de cabeza o de espalda.

Piense en una situación en que usted se enojó mucho, ¿cómo sentía su cuerpo? Escriba tres o cuatro señales que estén presentes cuando usted se enoja:

1. _____

2. _____

3. _____

4. _____

Señales en la conducta

¿Cómo se comporta cuando se enoja? Algunas personas se vuelven crueles o culpan a otros; otras actúan muy gentilmente o tratan de complacer. Algunos se ríen o se tornan graciosos; algunos se vuelven sarcásticos. Otras personas se deprimen, se aíslan o se vuelven silenciosas. Hay personas que no cumplen con sus compromisos cuando se enojan. Otras tienen dificultades para comer o para dormir, o quizá comen o duermen más.

¿Qué hace usted cuando está enojado?

1. _____

2. _____

3. _____

4. _____

Esté atento a estas señales. Utilícelas para determinar cuándo necesita un tiempo-afuera.

El diario del enojo

Durante la próxima semana, queremos que comience a llevar registro de su enojo. Para ello, use el Diario del enojo que está en la parte final del libro (Apéndice). Debe anotar la fecha del enojo; calificar la intensidad en una escala del 1 al 10 (1 representa el nivel de menor enojo, y 10 el nivel más elevado); describir las señales corporales y de conducta que le indicaron que estaba enojado; y debe escribir acerca de la situación que lo molestó.

Esto lo ayudará a familiarizarse con cuáles son las señales corporales y de conducta que indican distintos niveles de enojo en usted.

Sabemos que la tendencia será de no escribir todo esto en el diario, <u>pero hágalo</u>: es la manera de sacar verdadero beneficio de esta tarea para el hogar. Deberá tener por lo menos una anotación diaria. También se puede anotar enojo que se sienta hacia otras personas que no sean su pareja, por ejemplo hacia un compañero de trabajo. El propósito es practicar para poder identificar <u>cuándo</u> usted se enoja.

No deje de usar tiempos-afuera reales y de ensayo. Recuerde que ¡su conducta la elige usted!

Tercera Semana   Fecha

Si usted usó tiempos-afuera durante las últimas dos semanas, este periodo debió estar libre de violencia. Si éste no es el caso, deberá continuar realizando tiempos-afuera de ensayo además de los tiempos-afuera reales que hagan falta. Si tiene dificultades para tomar tiempos-afuera reales, tome uno de ensayo todos los días esta semana. Esto le dará el hábito de pronunciar las palabras y alejarse.

Antes de pasar al próximo capítulo, siga escribiendo en su Dario del enojo toda esta semana: anote la fecha, la intensidad, sus señales corporales y la situación.

Este ejercicio le ayudará a aprender a reconocer cuándo usted comienza a enojarse para que pueda tomar un tiempo-afuera real.

Recuerde: cada vez que usted se enoje con su pareja, aunque sea un enojo menor, ¡tome un tiempo-afuera!

Cuarta semana   Fecha

1. Haga el ejercicio del Capítulo V.

2. Siga escribiendo en el Diario del enojo.

3. Haga tres tiempos-afuera de ensayo esta semana, además de todos los reales que hagan falta.

CAPITULO V

CONTROLAR EL ENOJO

Como probablemente ya haya aprendido durante estas últimas semanas, todos, incluido usted, nos enojamos. Es una emoción normal y saludable. Sin embargo, si usted no puede controlar el enojo o lo que hace cuando lo siente, ese sentimiento puede derivar en violencia u otras conductas destructivas como el consumo de alcohol o drogas.

Esta semana usted ha aprendido—observándose a sí mismo—que el enojo no expresado produce una respuestas fisiológica. Los músculos se tensionan, puede aumentar la presión sanguínea, pueden aparecer dolores.

Una de las ventajas que tenemos los seres humanos es que no siempre tenemos que ser víctimas de nuestras circunstancias o de lo que nos rodea. Tenemos la clase de inteligencia que permite controlar las propias respuestas a situaciones que no están bajo nuestro control.

El comportamiento de los demás es algo que está fuera de nuestro control.

A esta altura, usted debe estar preguntando: ¿cómo puedo controlar mi enojo?

Se puede elegir cualquiera de las tres actitudes siguientes:

1. Tragárselo.

2. Una escalada de enojo.

3. Dirigirlo.

Revisemos cada una en detalle.

Tragárselo

Esta actitud es fácil de reconocer. Generalmente se formula en primera persona singular (yo), e incluye una negación, compasión, pensamientos de baja autoestima, dudar de uno mismo o una intelectualización. Veremos un ejemplo de cada uno:

Negación:	"No estoy enojado o perturbado."
Compasión:	"No fue su intención perturbarme."
Pensamiento de baja autoestima:	"Esta vez fui demasiado lejos."
Dudar de sí mismo:	"No tenía derecho a enojarme."
Intelectualización:	"Yo sé que ella está tratando de hacerme enojar. No voy a enojarme."

Los que "tragan" suelen deprimirse o aislarse. De cualquier manera, el efecto de presión lo lleva a un punto en que ya no puede engañarse y **EXPLOTA!**

La escalada de enojo

Una escalada de enojo es fácil de identificar. Quienes toman esta actitud comienzan sus frases en segunda persona. Hacen preguntas tales como: "¿Por qué haces eso?" Culpan a los demás: "Me hiciste enojar . . . es <u>tu</u> culpa!". Y usan insultos: "Puta!" "Idiota!"

Esta actitud, como su nombre indica, consiste en "escalar" en el enojo hasta llegar a explotar y a usar la violencia.

Dirigirlo

Dirigir el enojo tiene una fórmula simple, sin embargo es la más difícil de realizar. No se sabe con precisión por qué. Quizá se deba a que cuando niños nos enseñaron a engañarnos y a "entrar en escalada". La fórmula es la siguiente:

Estoy enojado porque _____

Quisiera que _____

Estas dos frases deberán ser seguidas de expresiones lo más claras y concisas posible.

Ejemplos:

Estoy enojado porque **volviste tarde esta noche.**

Quisiera que **me llamaras si vas a volver tarde.**

Estoy enojado porque **me gritaste en el restorán.**

Quisiera que **esperaras hasta irnos o que bajes la voz.**

Estoy enojado porque **dabas por sentado que yo me haría cargo de los chicos hoy.**

Quisiera que **me avisaras con anticipación cuando esperas que yo me haga cargo de los chicos.**

Las personas que son directas para comunicar su enojo logran hacerse entender, se sienten más unidas, se comunican mejor y generalmente sienten que pudieron conectarse de manera más personal.

En este momento quizás usted se dé cuenta de que hubo ocasiones en las que aguantó, otras en las que escaló, otras en las que dirigió el enojo, y también en las que combinó algunas o las tres. Cuanta mayor conciencia tenga de lo que está haciendo con su enojo, mayor será el control que pueda ejercer sobre él.

La anécdota de las medias abrigadas

Era una noche fría en San Francisco y John tenía una cita con su novia, Mary. Sabiendo que tendría que caminar bastante desde el auto hasta el restaurante, John se abrigó bien: hasta se puso unas medias de lana nuevas que eran para esquiar. La fue a buscar a Mary y partieron entusiasmados hacia su restorán favorito. Hasta pudieron encontrar un lugar para estacionar a media cuadra del lugar.

Era la clase de restorán donde le dan tiempo al comensal para digerir el primer plato antes de servir el segundo. La cena estuvo exquisita. En la mitad de la cena, John comenzó a pensar:

John (en su cabeza): Estas medias son demasiado calurosas. No pensé que fueran tan abrigadas.

Mary: La cena está maravillosa, ¿no?

John: Sí.

Más tarde . . .

John (en su cabeza): Los pies se me están derritiendo. Esto ya me está molestando.

. . . Ojalá se apuraran en servirnos. Se me van a prender fuego los pies.

. . . Ojalá Mary comiera más rápido. Necesito sacarme estas medias.

Mary: Me parece que voy a pedir otro café.

. . . John sigue con su línea de pensamiento. . .

Mary (tomando el café despacio): Estoy llena . . . Apenas puedo moverme.

John: Mary ¿crees que podrías beber más rápido?

Mary: Necesito algunos minutos para digerir la comida.

John: Siempre comes despacio ¿qué te pasa? Yo terminé hace veinte minutos.

Mary: ¿Por qué estás enojado?

John: Baja la voz. ¡Me estás haciendo pasar vergüenza!

Mary: ¡No me digas que baje la voz!

Todos pueden imaginarse cómo siguió la discusión: una competencia de gritos y quizá violencia.

Tal vez esto le resulte conocido: una discusión que parece salir de la nada. ¿Será así? En este caso, John trató de aguantar pero hubo un límite a cuánto podía soportar. Entró en escalada cuando comenzó a gritarle a Mary, cuando en realidad no tenía nada que ver con Mary. Gran parte de todo esto podría haberse evitado si John le hubiese dicho a Mary lo que le pasaba con las medias. Además, aunque no pudiese decirle en ese momento lo que le sucedía, quedaba otra alternativa: tomarse un TIEMPO-AFUERA.

¿Es posible tomar un tiempo-afuera en un restorán? Puede haber situaciones incómodas en las que una discusión empiece a escalar. En ese caso, deberá ser creativo para tomar el TIEMPO-AFUERA. Una posibilidad es ir al baño por un tiempo prolongado o salir a tomar aire. Quizá no pueda tomar una hora, pero tome el tiempo suficiente para calmarse y tomar cierta distancia de la situación. ¿Qué haría si el enojo comenzara mientras está conduciendo en la autopista? ¿cómo tomaría el tiempo-afuera?

El tiempo-afuera es un ejemplo de cómo dirigir el enojo para evitar aguantarlo y luego escalar hasta llegar a la violencia.

Muchos hombres preguntan¿Cómo puedo evitar que mi enojo se convierta en una escalada de violencia cuando me tomo un tiempo-afuera? El enojo es algo que usted puede controlar con:

Diálogo interno positivo

Mediante el diálogo interno positivo, usted puede aprender a controlar su enojo para que no se le escape de las manos. Este diálogo interno no hace que el enojo desaparezca, sino que evita que devenga en una escalada hasta llegar al descontrol. El diálogo interno negativo además de prolongarlo, deviene en una escalada de enojo. El diálogo interno positivo desinfla o reduce el enojo.

El diálogo interno positivo es lo que nos decimos a nosotros mismos cuando estamos enojados. Algunos hombres sostienen "Yo no sé qué me digo a mí mismo." En ese caso, escuche lo que le dice en voz alta a su esposa o amante. Eso le dará un buen indicio de lo que se esta diciendo a sí mismo.

Un ejemplo de diálogo interno negativo puede ser el siguiente:

"¡Esa mujer miserable! Sólo está tratando de hacerme enojar. ¡Me da tanta rabia! Yo no le importo: lo único que quiere es aprovecharse de mi. ¡Es tan desconsiderada! ¡Lo único que le importa es lo que siente ella! Probablemente sale con otros hombres cuando no estoy. En realidad no me ama, de hecho, solo quiere lastimarme . . ."

Estas frases negativas probablemente suenen al mecanismo de la escalada.

¿Qué le sucede cuando usted lee esto en voz alta o en voz baja?. Adelante: inténtelo.

Seguramente se sentirá tenso y alterado. ¿Puede imaginarse lo que este diálogo interno podrá lograr cuando usted ya está enojado?

Un ejemplo de diálogo interno positivo es el siguiente:

"Estoy enojado en este momento y necesito tomarme un tiempo-afuera. Estoy en control de mis acciones. Necesito hacer alguna actividad física, como caminar o correr, para bajar la temperatura. Quizá pueda hablar de esto más tarde, pero ahora necesito tomar un tiempo-afuera para no perder el control."

El acto de reconocimiento y la toma de conciencia de que uno se está enojando hace bajar un grado el nivel del enojo. Reconocer y elegir una buena alternativa en ese momento, así como advertir que se necesita un tiempo-afuera, significa que usted está controlando la situación y que está asumiendo los comandos de su vida. Este es también un ejemplo de cómo dirigir el enojo.

Esta clase de diálogo interno positivo disminuye la tensión en el cuerpo para que cuando regrese de su tiempo-afuera, le haya bajado la temperatura. Se puede reducir la tensión aun más con ejercicio físico, como caminar o correr. Le tomará un tiempo relajarse. Deberá tener paciencia: tome una hora completa para asegurarse de que los dos pudieron bajar la temperatura.

Actividades para el tiempo-afuera

Escriba cinco actividades físicas que pueda hacer durante un tiempo-afuera o un episodio de enojo. Si lo piensa ahora, le resultará más fácil elegir una opción cuando llegue el momento.

1. _____

2. _____

3. _____

4. _____

5. _____

Tarea para el hogar

Durante la próxima semana continúe escribiendo en su Diario del enojo. Además, esta semana tome conciencia de qué hace usted con su enojo: tragárselo, entrar en una escalada o dirigirlo. Ya debería resultarle más fácil identificar sus señales particulares de enojo. Con eso, podrá dirigir su diálogo interno positivo a esos factores. Ya sea que tenga diálogos internos positivos o negativos, escríbalos para recordar cómo afectaron su nivel de enojo. Asimismo, deberá anotar qué actividad utilizó para ayudarse a liberar la tensión del cuerpo. Recuerde: tome un tiempo-afuera cada vez que lo necesite.

Quinta semana   Fecha

En este punto, usted debe seguir escribiendo en su "Diario de enojo" por lo menos una vez al día: el enojo que aparece en el trabajo, en la casa, con los amigos y la familia; el enojo que siente cuando un automóvil lo encierra en la autopista. Debe anotar todos los niveles de enojo: el <u>bajo nivel</u> de irritación, el <u>mediano nivel</u> de enojo y el <u>alto nivel</u> de rabia. Cuanto más escriba, más aprenderá acerca de su propio patrón de enojo y, por ende, más apto estará para reconocer y controlar su enojo.

A esta altura, ya debe estar usando tiempos-afuera reales y de ensayo con regularidad. De ser así, debería resultarle cada vez más fácil realizarlos. Recuerde que además de detener la violencia, los tiempos-afuera ayudan a construir confianza y, por ende, a dar mayor intimidad a su relación.

Durante la próxima semana, siga escribiendo en su "Diario de enojo" todos los días. Si usted ha sido violento recientemente o si estuvo cerca de estarlo, siga con los tiempos-afuera de ensayo todos los días. Si no es el caso, tome por lo menos tres tiempos-afuera de ensayo esta semana, además de los tiempos-afuera reales que hagan falta.

Sexta semana   Fecha:

1. Continúe escribiendo en su Diario del enojo.

2. Haga los ejercicios del capítulo VI.

3. Realice tres tiempos-afuera de ensayo y tantos tiempos-afuera reales como necesite.

CAPITULO VI

ESCUCHAR ATENTAMENTE A UNO MISMO Y A LOS DEMÁS

Usted ya ha tenido varias semanas para reconocer sus señales de enojo y sus particulares respuestas al enojo. A lo largo de los años, nos hemos dado cuenta de que la mayoría de los hombres sólo son conscientes de los niveles altos de enojo, los que van del 5 al 10. Eso es porque la mayoría de nosotros aprendimos a tragarnos los niveles bajos de enojo, los que van del 1 al 4. Esto se debe a que la mayoría de la gente no considera que el menor nivel sea enojo, sino que lo llama irritación. Sin embargo, sí es enojo. De hecho son esas irritaciones que nos tragamos (como en la historia de las medias abrigadas) las que se acumulan persistentemente hasta que explotamos por una razón aparentemente tonta. Esa razón es la gota que rebalsó el vaso.

Es nuestra opinión que cuanto mejor aprendamos a reconocer y expresar el enojo de nivel bajo, será menos probable que explotemos por lo que pareciera una razón insignificante.

El primer paso para reconocer el enojo de bajo nivel es asignarle una palabra. Algunos hombres de nuestros grupos ya han anotado algunas. Trate de agregar a la lista las palabras que usted suele emplear. De las que ya están escritas, subraye las que le son propias.

Nivel de enojo:	1-2-3	4-5-6	7-8-9-10
	chinchudo	enojado	enfurecido
	irritado	caliente	furioso
	fastidiado	loco	explotand
	_____	_____	_____
	_____	_____	_____
	_____	_____	_____

Como ve, existen varias palabras para describir un sentimiento de enojo. Use la palabra que usted prefiera pero esté seguro de tomar su tiempo-afuera y de registrarlo en el Diario de enojo ya sea que se sienta chinchudo, enojado o enfurecido. Cuanto mas pueda alejarse en esos momentos, aunque no haga falta, más fácil le resultará tomar esa distancia cuando de veras sea necesario.

Escuchar el enojo

Escuchar a alguien que se enoja con nosotros es probablemente la experiencia más difícil que podamos imaginar. Puede afectar nuestra sensibilidad. La razón para ello es diferente para cada persona. Algunos pueden no saber por qué, sólo saben que les provoca una fuerte reacción. Hablemos sobre algunas razones por las que la gente reacciona mal o a la defensiva cuando alguien le dice que está enojado.

Una razón es que usted quizá crea que ella está tratando de decirle algo sobre usted a través de ese enojo. Imagine que está conversando con su esposa o amante y pruebe completar la siguiente frase:

Cuando me dices que estás enojada, en realidad quieres decir que . . .

Por ejemplo:

Cuando me dices que estás enojada, en realidad quieres decir que *soy estúpido*.

Créase o no, cuando la gente le dice que está enojada, eso no significa <u>nada</u> más. Sólo significa que está enojada. De hecho, somos quienes escuchamos los que le atribuimos otro significado al enojo.

Piense en los momentos en que usted se enojó con alguien. Por lo general nos enojamos cuando no nos gusta lo que alguien dijo o hizo. Si usted tratara de explicarle a la persona cómo se siente, esa persona sabría cómo usted va a reaccionar si continúa haciendo o diciendo aquello que a usted le molesta. De este modo, es esa persona la que elige seguir haciéndolo, aunque seguramente tomará en cuenta sus sentimientos. Si usted no expresa sus sentimientos de enojo, la gente supone que lo que hace no le molesta.

Si usted siempre cree que la gente trata de decirle algo más cuando expresa enojo, la vida le será muy difícil. Significa que usted nunca confiará en que la gente pueda ser honesta con usted. Una forma extrema de esto se llama paranoia. Todos nos comportamos de manera un poco paranoica alguna vez. Pero debemos recordar permanentemente que el enojo es el enojo, nada más y nada menos. Al igual que todas las emociones, pasará si la <u>aceptamos</u>. Por el contrario, si la combatimos, nos perturbará para siempre.

A veces las personas responden al enojo en forma defensiva o con enojo porque les recuerda la manera en que sus padres expresaban su enojo. En nuestro grupo un hombre relató que se alteraba cuando su mujer le gritaba. También contó que se alteraba de niño cuando su padre peleaba con su madre o cuando el padre lo golpeaba. Esos eran recuerdos dolorosos. Aprendió desde pequeño que el enojo era algo para temer, ya que generalmente derivaba en violencia y sentimientos heridos. El asoció enojo con violencia o enojo con dolor.

¿De qué manera el hecho de escuchar a alguien expresarle su enojo lo afecta a usted en su respuesta? ¿Cuántos recuerdos de la niñez revuelve?

Algunos hombres se defienden o se enojan cuando sus esposas o amantes se enojan con ellos, porque ven la discusión como una situación en que se gana o se pierde, en que alguien tiene la razón y alguien se equivoca.

Es nuestra experiencia que ambos pueden tener razón o ambos pueden estar equivocados. De hecho, en realidad, casi nunca importa. Si a usted sí le importa, entonces habrá momentos en que sentirá que su pareja le esta diciendo que usted está equivocado o que es malo. Quizá se sienta atacado y adopte una actitud defensiva. ¿Cree usted que las discusiones son situaciones donde se gana o se pierda, en que se tenía razón o se estaba equivocado? Como ya mencionamos, parte del entrenamiento o la socialización que reciben los hombres los arrincona, dejándoles poco espacio para ser humanos. Existe mucha presión para cumplir con las expectativas, para tener siempre la razón o ganar siempre la pelea.

Nosotros creemos que la gente discute, no porque uno tenga la razón y el otro esté equivocado, sino porque las personas son diferentes. Y dado que las personas son diferentes, tienen expectativas distintas en una relación. Las personas hacen cosas distintas y hasta ven las cosas de modo distinto. Haga este experimento: ponga medio vaso de agua sobre la mesa frente a usted y a su pareja. ¿Qué ve usted? Quizá vea un <u>vaso medio lleno</u> de agua. ¿Qué ve su pareja?

Quizá vea un <u>vaso medio vacío</u> de agua. ¿Quién tiene la verdad? Ambos: cada uno lo ve desde su perspectiva. Lo diferente no es necesariamente malo. Es sólo diferente. Las diferencias son las que le brindan al mundo color y contraste. Imagine como sería vivir con alguien exactamente igual a usted: no sólo con sus cosas positivas, sino también con sus idiosincrasias, argucias y malos hábitos. Después de un tiempo, usted comenzaría a pedir algunas diferencias.

Otra razón por la que los hombres pueden reaccionar de manera defensiva al oír críticas o enojo de otro es porque tal vez se trate de características que les disgustan a ellos mismos, y ¿a quién le gusta que le recuerden sus defectos?

Un hombre de nuestro grupo siempre llegaba tarde a los compromisos. Llegaba tarde a reuniones del grupo, tarde al trabajo, tarde a las citas con su novia. Esta era una característica que la gente siempre le reprochaba justificadamente (a nadie le gusta esperar). Con el tiempo, él mismo llegó a despreciar esa parte suya, pero todavía no ha podido resolverlo. Esto se ha convertido en su punto débil, a tal punto que cuando su pareja se enoja porque llega tarde, él se pone a la defensiva.

Es común que cuando nuestra pareja se enoja con nosotros o expresa disgusto por un rasgo nuestro, en realidad se trate de un rasgo que tampoco nos gusta a nosotros. Piense en ello por unos minutos. ¿Se le ocurren rasgos suyos que no le gustan a su pareja y que suelen enojarla? ¿Cómo se siente usted con respecto a esas cosas? ¿Son aspectos suyos que usted desearía cambiar? Escriba tres aspectos suyos que a usted no le agraden y de los que otros se hayan quejado:

1. _____

2. _____

3. _____

Imagine que su pareja se enoja o lo critica por algunas de estas cuestiones. Sería sencillo ponerse a la defensiva. Muchas veces, una vez que el hombre identifica esas características que quiere modificar, ya ha dado el primer paso hacia ese cambio. Cambiar puede ser difícil o fácil, pero en cualquier caso, implica un esfuerzo consciente. Tal vez convenga conversar de esto con un consejero. O tal vez le baste con estar atento a esto la próxima vez que usted sienta que esta poniéndose a la defensiva con su pareja.

Las mujeres y el enojo

Sabemos que cuando hay violencia recurrente en una relación, la persona atacada siente gran cantidad de enojo y resentimiento, pero se encuentra en una situación muy difícil porque si expresa estas emociones, volverá a ser golpeada. Si no lo expresa de manera directa, se manifestará de modos indirectos, como el alejamiento emocional o sexual, el sarcasmo, la burla, quejas, irritación constante, o no cumpliendo con lo que se compromete. Estas formas indirectas de expresar el enojo también terminan en pelea. Es fácil ver por qué las mujeres se terminan deprimiendo hasta el punto de abandonar la situación.

Cuando el hombre comienza *counseling*, la pareja suele entrar en un período de luna de miel, en el que ambos se sienten unidos y contentos otra vez. Hasta puede parecer que la violencia nunca existió. Pero este período comienza a desvanecerse y emerge el viejo patrón. Este período es muy similar al momento tres del ciclo de la violencia, que mencionamos con anterioridad.

Después de un tiempo de *counseling*, se restablece la confianza en la relación. La mujer siente cada vez menos peligro al expresar sus sentimientos, especialmente los negativos. Estos se pueden referir a lo que el hombre está diciendo o haciendo en el momento o a lo que sucedió en el pasado. El puede pensar "¿Para qué volver al pasado? Está superado." Tendrá que comprender que ella probablemente guardó su resentimiento y enojo por mucho tiempo y que necesita expresar el enojo o seguirá surgiendo de manera indirecta.

Este tipo de enojo por la violencia pasada será el que le resultará mas difícil de escuchar. Sin embargo, ella necesita expresarlo y usted necesita oírlo. Como ya dijimos, esto le recordará la parte de usted que menos le enorgullece. Tal vez se ponga defensivo o quiera que ella deje de hablar del pasado y lo comience a ver como un problema de ella. No obstante, ¡deténgase! Respire hondo. Busque sus indicios personales de enojo. Si comienza a enojarse cuando ella expresa su enojo, tome un tiempo-afuera.

Responder al enojo de los demás

Estas son algunas razones por las cuales los hombres pueden reaccionar defensivamente ante el enojo de los demás. Usted quizá tenga sus propias razones. Lo importante es que si usted puede controlar esas reacciones, podrá comenzar a disfrutar de una interacción significativa con alguien. Aunque sea enojo, puede tener un resultado positivo.

¿Qué puede hacer usted en medio de una ola de enojo de los demás? ¿Cómo impide que su reacción se convierta en una escalada? Aquí hay varias opciones:

1. Respire hondo . . . Otra vez. Cuente hasta cinco en voz baja mientras inhala; cuente hasta cinco mientras exhala. Respirar hondo puede producir relajación.

2. Si comienza a enojarse, tómese un tiempo-afuera. Sentirá menos enojo con sólo decirle que lo va a hacer. Después del tiempo-afuera, vuelva y cuéntele qué le pasa cuando ella expresa su enojo con usted.

3. Hable sobre este capítulo con su esposa o pareja antes de entrar en una discusión. Discutir este punto puede aclarar algunos temas, para que la próxima vez que ella se enoje con usted, usted sienta menos necesidad de enojarse o defenderse.

4. Pruebe el siguiente ejercicio con su esposa o amiga. Cada uno se sienta frente a frente, de modo que sus cabezas queden a la misma altura. Haga que su pareja le diga: "Estoy enojada contigo." Primero debe decirlo en voz baja; luego debe repetirlo cada vez más fuerte hasta que se vuelva muy claro y fuerte: "ESTOY ENOJADA CONTIGO." Conversen sobre cómo se sienten diciendo y escuchándolo. Luego cambien los roles. Comience usted suavemente: "Estoy enojado contigo", e incremente el volumen hasta decirlo muy fuerte. Vuelvan a discutir qué sintieron. A veces escuchar las palabras hace que estemos menos sensibles al escucharlas cuando realmente tienen significado.

5. Piense en lo siguiente: ¿Qué pretende de su pareja cuando está enojado? ¿Quiere que lo abrace? ¿Quiere estar solo?. ¿Quiere que ella le diga que comprende su enojo?. ¿Quiere que alguien trate de convencerlo? ¿Quiere que alguien le diga que está equivocado al sentir de ese modo? ¿Quiere que alguien sencillamente lo escuche? Piénselo y dígale a su pareja qué es lo

que <u>usted</u> desea. Averigüe qué desea <u>ella</u>. Si lo sabe de antemano, le ayudará cuando se confronte con la situación.

Durante las próximas semanas trate de ser consciente de sus reacciones ante la gente cuando ésta se enoja con usted. Siga escribiendo en el Diario de enojo, para poder estar consciente de su patrón de enojo. Tome tres tiempos-afuera de ensayo y todos los reales que sean necesarios.

Recuerde: los tiempos-afuera detienen la violencia. ¡Uselos!

Séptima semana   Fecha:

1. Siga escribiendo en el Diario de enojo.

2. Haga los ejercicios de relajación del capítulo VII dos veces.

3. Tome tres tiempos-afuera de ensayo además de los reales que fueran necesarios.

CAPITULO VII

LA REDUCCIÓN DEL ESTRÉS

En general, los hombres que golpean a sus mujeres experimentan un monto significativo de estrés, tanto en su relación de pareja como en su vida en general. Este capítulo habla acerca de qué es el estrés, de dónde proviene, cómo reconocerlo y algunas estrategias para manejarlo.

¿Qué es el estrés? Todos lo sentimos a veces. Para algunos es parte de nuestra vida diaria. Podemos lidiar con él, pero a veces no podemos saber de dónde proviene. Y si no entendemos su forma, nos puede abrumar de confusión. Por eso, comenzaremos con una definición: "El estrés es una respuesta física y emocional dentro de nosotros ante algo que vemos como una amenaza."

Existen dos tipos de estrés: el causado por los acontecimientos y el crónico. ¿Qué acontecimientos en su vida le causan estrés? Para la mayoría de la gente hay dos clases de hechos que estresan: la pérdida y el cambio. La muerte de un ser querido, el divorcio o la separación, perder el trabajo, son todas pérdidas graves que conllevan estrés. También están asociadas con cambios. Cuando nos enfrentamos a un cambio venidero, lo ensayamos en la cabeza; a veces nos preocupamos e imaginemos de antemano qué pasará en el futuro. Si lo que imaginamos es negativo o si sentimos que no podremos manejar la nueva situación, podemos sentir estrés. Esto explica por qué hasta hechos positivos a veces suscitan estrés. A continuación, ofrecemos una lista de hechos que estresan. Revise cuál se refiere a su situación y agregue otros que le sean propios.

- Problemas con el jefe
- Problemas con compañeros de trabajo
- Promoción en el trabajo
- Despido
- La muerte de un familiar
- Embarazo o nacimiento de un bebé
- Casamiento
- Separación o divorcio
- Incremento significativo de las discusiones con la pareja
- Dificultades sexuales
- Reunión familiar
- Problemas con la familia política
- Enfermedad o herida serias
- Problema grave de salud o conducta de un familiar, inclusive los hijos

- Problemas financieros
- Arresto
- Mudanza a otro barrio o ciudad

Otra característica de los hechos que nos causan estrés es que solemos sentirnos inútiles para manejarlos. Si algo nos amenaza o nos lastima y no podemos hacer nada al respecto, aumenta el nivel de estrés.

¿Cuántos de los eventos que marcó pertenecen a esta categoría? ¿Hay algún otro patrón o fuerza irritantes en su vida ante los cuales se sienta impotente de cambiar? Si usted siente que a veces otros se ríen de usted, o lo ignoran o no lo toman en cuenta esto puede ser causa de estrés. Puede estar creando un conflicto interno que derive en mayor estrés. Por ejemplo, imagine que su jefe lo humilla frente a sus compañeros.

Habrá muchos factores que trabajarán para producir estrés.

1) Pérdida: pierde la dignidad; 2) Cambio: ¿cómo recuperará su lugar en el trabajo?; 3) Frustración: porque es injusto y usted no puede contestarle a su jefe; 4) Conflicto: la parte suya que quisiera pegarle lucha con la parte que quiere ser mejor compañero que él, para que vea que usted es bueno.

¿Puede escoger un ejemplo similar de su propia vida, y revisar las distintas maneras en que le produce estrés?

Hasta ahora tratamos el tema del estrés causado por acontecimientos específicos que, por lo general, podemos resolver a corto plazo. El estrés crónico está compuesto por todos los elementos que hemos mencionado, además de otros tres factores. Primero, el estrés crónico está presente, con diferente intensidad, todos los días durante semanas, meses, o hasta años. Segundo, no hay un punto central. No se puede decir: "Si sólo cambiara esto, el estrés desaparecería." Esto lo vuelve confuso e irracional. Tercero, se hace hábito. Respondemos a los hechos como si fueran estresantes, aunque sean perfectamente ordinarios.

Piense nuevamente en la definición del estrés: "El estrés es una respuesta física y emocional dentro de nosotros ante algo que vemos como una amenaza." Si usted tiene que elegir un restorán donde comer con su esposa ¿siente estrés? La mayoría de los hombres no, pero un hombre con estrés crónico podría comenzar a preocuparse desde temprano por todo lo que puede salir mal. Al llegar la hora de la cena, la elección del restorán puede resultar tan estresante, que sabotee todo el encuentro, para terminar cenando frente al televisor con comida hecha. Cuando experimentamos estrés crónico, nos anticipamos a la llegada de mayor estrés y, de esa manera, logramos producirlo nosotros mismos.

Los primeros signos del estrés son difíciles de reconocer, pero a la larga pueden ser muy serios. Depresión, jaqueca, dolor de espalda, presión alta y úlcera son males muchas veces relacionados con el estrés crónico. Mucha gente cree que los problemas cardíacos y el cáncer pueden ser producidos por el estrés. ¿Qué puede hacer usted para reconocer el estrés, antes de que llegue a este punto? El cuerpo posee una especie de sistema de alerta temprana, si es que nosotros podemos prestarle atención.

Al terminar de leer este párrafo, tómese unos pocos minutos y haga lo siguiente: Siéntese en un sitio donde no pueda ser distraído. Esté atento a su respiración: ¿es rápida o lenta, en la parte superior o inferior del pecho, suave o espasmódica? No trate de cambiarla, sólo obsérvela. Asimismo, preste atención a cada músculo de su cuerpo, comenzando por la cabeza y terminando en los pies. Advierta si hay tensión o tirantez en la frente, en los músculos faciales, en los maxilares, en el cuello, en los hombros, brazos, pecho, etcétera. No trate de cambiar el nivel de tensión, sólo nótelo y prosiga.

Ahora vuelva a los sitios donde notó estrés. Elija uno y piense en él un momento; quizá pueda imaginar que lo revive. Ahora repita el ejercicio anterior. Preste atención a la respiración y a todos los músculos del cuerpo. ¿Nota alguna diferencia?

A la mayoría de las personas les resulta difícil al principio. Quizá le resulte difícil siquiera sentir los músculos, o esas sensaciones pueden parecerle triviales o sin importancia. Quienes siguen adelante con los ejercicios, quizá varias veces, perciben que las sensaciones de los músculos y la respiración tiene algún significado. A veces, toman conciencia de diferentes patrones o estrés específico que se expresan mediante la tensión corporal.

Cuando estamos bajo estrés, pueden aparecer otros signos pequeños. Podemos confundirnos con facilidad o no pensar claramente; podemos tener acidez estomacal, dolor de piernas, dolor de cuello o cabeza; quizá nos sintamos un tanto pesimistas acerca de la vida en general. Si usted busca esas señales características y las pequeñas tensiones reconocibles en la respiración y en la tensión muscular, podrá reconocer más claramente las respuestas de su cuerpo al estrés. Deberá tomar el tiempo necesario para concentrarse en esos efectos específicos que tiene el estrés en su cuerpo. Una vez que conozca esto, existen muchas maneras en que podrá reducirlo.

El modo más inmediato para reducir el estrés es aquietarnos. Existen estudios recientes demostrando los efectos benéficos de varias formas de meditación y ejercicios de *biofeedback*.

Gran parte de estos efectos ocurren porque la meditación es una manera efectiva de aquietarnos por dentro y, por ende, de reducir el estrés. Hay una gran variedad de técnicas de meditación que pueden funcionar y quizá le interese alguna que esté disponible en su zona.

Existen otros modos de aquietarse que usted puede practicar solo. Describiremos dos de ellos.

El primero es la visualización. Recuéstese o siéntese cómodamente y preste atención a su respiración, al igual que en el ejercicio de conciencia corporal. Después de unos minutos, imagínese en un lugar en el que se sienta muy cómodo: en la playa o en una habitación especial, por ejemplo. En su imaginación, utilice todos los sentidos para experimentar este lugar tan agradable. Si fuera la playa, podría contemplar la orilla del mar donde rompen las olas, podría oír el sonido de las olas y de aves en la cercanía, sentiría el calor del sol y la arena debajo del cuerpo. En la imaginación, tal vez quiera explorar a su alrededor o sólo relajarse en el lugar. Tome todo el tiempo que desee con el ejercicio, no hay apuro. Cuando esté listo, vuelva de a poco al presente y vuelva a observar su respiración por unos momentos.

El segundo método de aquietamiento es el siguiente ejercicio de relajación:

Ejercicio de relajación

Pídale a un amigo que le lea el siguiente ejercicio. Otra posibilidad es grabarlo usted mismo para luego oírlo. Después de algunas veces, podrá hacerlo por su cuenta. Debe usar ropa liviana y quitarse los zapatos. Encuentre un lugar silencioso, con poca luz, donde no sea interrumpido. Acuéstese boca arriba, sobre una manta, con las piernas separadas. Póngase cómodo.

Ahora cierre los ojos. Tenga presente su respiración: respire hondo, por la nariz, llévelo al estómago, exhale por la boca . . . inhale despacio . . . exhale lentamente . . . inhale . . . exhale . . .

Imagine que sus pensamientos están escritos en las paredes que lo rodean. Véase caminando hacia el enchufe y apagando la luz . . . Ahora está completamente oscuro . . . No puede ver nada . . . Vuelva al centro de la habitación y recuéstese sobre un colchón suave. Está completamente oscuro en la habitación . . . completamente oscuro . . . Respire hondo y lleve el aire hasta el estómago . . . inhale por nariz . . . exhale por boca . . . inhale . . . exhale . . .

Tensione todos los músculos del cuerpo . . . cara . . . cuello . . . brazos . . . estómago . . . muslos . . . pantorrilla . . . pies . . . dedos del pie. Sienta la tensión. Todo el cuerpo está tenso. Ahora exhale—suelte toda esa tensión y RELÁJESE.

Respire despacio . . . inhale por nariz . . . exhale por boca . . . inhale . . . exhale.

Tensione todos los músculos del cuerpo . . . retenga . . . retenga . . . y RELAJE.

Siga respirando hondo hasta el estómago . . . inhale por la nariz . . . exhale por la boca . . . inhale . . . exhale.

Con el resto del cuerpo relajado, tensione los músculos de la pierna y del pie derechos . . . manténgalos tensionados . . . el resto relajado . . . siga respirando . . . inhale . . . exhale y relaje . . . . Repítalo . . . mantenga todo el resto relajado . . . respire y relaje.

Con el resto del cuerpo relajado, tensione los músculos del estómago y los genitales . . . manténgalos tensos . . . el resto relajado . . . siga respirando . . . inhale . . . exhale . . . y relaje . . . hágalo nuevamente . . . mantenga el resto relajado . . . respire y relaje . . .

Mantenga el resto del cuerpo relajado, tensione los músculos de las nalgas y zona inferior de la espalda . . . mantenga el resto relajado . . . siga respirando . . . inhale . . . exhale . . . y relaje . . . . repítalo . . . mantenga el resto relajado . . . respire y relaje . . .

Con el resto del cuerpo relajado, tensione los músculos de los hombros . . . manténgalos tensos . . . el resto relajado . . . siga respirando . . . inhale . . . exhale . . . y relaje . . . repítalo . . . mantenga el resto relajado . . . respire y relájese.

Con el resto del cuerpo relajado, tensione los músculos del brazo y la mano derechos . . . manténgalos tensos . . . el resto relajado . . . siga respirando . . . inhale . . . exhale . . . y relájese . . . . repítalo . . . mantenga el resto relajado . . . respire y relaje . . .

Con el resto del cuerpo relajado, tensione los músculos del brazo y la mano izquierdos . . . manténgalos tensos . . . el resto relajado . . . siga respirando . . . inhale . . . exhale . . . y relaje . . . repítalo . . . mantenga el resto relajado . . . mantenga la respiración . . . .

Con el resto del cuerpo relajado, tensione los músculos del cuello . . . manténgalos tensos . . . el resto relajado . . . siga respirando . . . inhale . . . exhale . . . y relaje . . . repítalo . . . mantenga el resto relajado . . . mantenga la respiración . . . .

Con el resto del cuerpo relajado, tensione los músculos del rostro y de los maxilares . . . manténgalos tensos . . . el resto relajado . . . siga respirando . . . inhale . . . exhale . . . y relaje . . . repítalo . . . mantenga el resto relajado . . . mantenga la respiración . . . .

Siga respirando . . . inhale por la nariz . . . exhale por la boca . . . inhale . . . exhale . . .

Toda la tensión ha abandonado su cuerpo. Usted se encuentra completamente relajado. Sienta como su cuerpo está completamente relajado . . . paz y relajación absolutas. Sienta como la respiración lo mantiene en un estado de relajación.

Siga respirando lentamente . . . deje que el cuerpo flote.

Inhale . . . exhale . . . inhale . . . exhale.

(Pausa)

Cuando esté listo, desperécese e incorpórese de a poco. Si se sienta demasiado rápido, podrá marearse. Hágalo despacio. ¿Cómo se siente? Probablemente distinto a siempre; quizá parecido a cómo se siente después de dormir bien. A veces resulta más fácil relajar algunas partes del cuerpo que otras. Si este es su caso, practique todo lo que pueda hasta alcanzar la relajación total.

Este ejercicio disminuirá sus respuestas al estrés, pero no hará que el estrés desaparezca. Eso implica un trabajo mayor. Las siguientes son algunas ideas para reducir el estrés a largo plazo.

Dado que el estrés es una respuesta que está en nosotros, primero debemos reconocer que también está en nosotros la llave para vencer el estrés. Poder manejarlo es parte de la fuerza personal de cada uno y, a medida que crezca esa sensación de poder, también crecerá la habilidad para manejar el estrés. Si, como dijimos antes, el estrés es el resultado de la impotencia por no poder resolver problemas, probablemente se deba a que usted aprendió a sentirse desamparado en su infancia.

Aprendimos a estresarnos. ¿Cómo sucedió? A medida que crecíamos, nos encontramos con muchas situaciones estresantes, algunas de las cuales pudimos manejar con resolución, otras que no. Algunas personas tuvieron que enfrentar, una y otra vez, situaciones que estaban más allá de sus posibilidades o habilidades para resolver. Por ejemplo, un padre puede haber fijado parámetros demasiado altos o inclusive perfectos para que cumpliéramos, lo cual nos pudo enseñar que no importa cuánto hagamos, nunca responderemos adecuadamente. Así, aprendimos a esperar el fracaso.

Esto es especialmente cierto si nos encontramos frecuentemente con situaciones "sin salida". Si un niño de 7 años ve como su padre golpea a su madre, ¿cuál será su reacción? Se le cruzará toda clase de ideas por la cabeza. Quizá quiera proteger a la madre y detener los golpes. Tal vez odie al padre y quiera matarlo. Sabe que saldrá lastimado, por ende no lo intenta. Es posible que se sienta identificado con el poder y la violencia del padre, en cuyo caso tal vez sienta vergüenza. Quizá se abstraiga, tratando de ignorarlo todo, resignado a no poder cambiar nada. Estas son situaciones que nos llevan a dudar de que tengamos la fuerza personal para resolver los conflictos de la vida.

Si aprendemos a estresarnos, también podemos desaprenderlo. Para ello necesitamos tener un nuevo patrón para responder al estrés. Esto incluye: la reducción inmediata del estrés, como ya describimos; una evaluación realista de lo que sí podemos y de lo que no podemos hacer en situaciones estresantes; y un cambio en las expectativas que tenemos de nosotros mismos. De esa manera, nos ocuparemos de los que podamos y la perfección podrá ocuparse de sí misma.

Recuerde: una crisis que provoca estrés no es sólo una oportunidad para el desastre. También se puede aprovechar de manera positiva. Depende de la propia interpretación y del sentido de poder personal.

Por ejemplo, en su décima sesión en uno de los grupos, Carlos estaba entusiasmado al contarnos algo que le había ocurrido esa semana. Su hijo de 7 años había sido atropellado por un auto mientras andaba en bicicleta. La herida no fue severa, pero Carlos y su esposa no lo supieron hasta después. El y Julie ya llevaban un tiempo trabajando duro para mejorar su comunicación cuando ocurrió el accidente. Carlos se dio cuenta de que su primer impulso era culpar a Julie. Luego pensó en cuánto le importaba su familia, y hasta pudo contener a Julie. El resultado de la crisis sirvió para que se sintieran más unidos y más optimistas respecto del futuro.

Escriba a continuación uno de los acontecimientos estresantes que anotó antes. Luego describa los pasos que seguiría para manejarlo: lo que sí podría hacer y qué no. Sea tan realista con usted mismo como pueda. Si nadie esperara nada de usted, ¿qué expectativas tendría para sí mismo?

<u>Acontecimiento estresante:</u>

<u>¿Qué podría hacer para manejarlo?</u>

<u>¿Qué cosas no podría hacer?</u>

Existe otro modo de manejar el estrés. Puede parecer muy sencillo, pero rara vez se le ocurre a la gente. Revise su vida para detectar qué le produce estrés una y otra vez, y cámbiela. Por ejemplo, si a usted le produce estrés un jefe, a quien detesta, trate de hablar con él, consiga un traslado o piense en cambiar de trabajo: ¡tal vez valga la pena! Ciertas repeticiones en nuestra conducta pueden provocar estrés crónico. Si usted suele ocultar sus emociones o evitar la expresión de los sentimientos, esto es una invitación a mayor estrés. ¡Modifique esa conducta! La gente que se siente aislada o sola suele experimentar gran estrés. Encuentre modos de ampliar sus contactos y amistades. Si a usted lo suelen tomar de sorpresa los hechos, procure planear por adelantado. Puede ser muy tranquilizador tener un "plan por las dudas". Por último, si su vida es sólo trabajo y nada de diversión, es muy probable que sufra de estrés. Trate de hacerse un tiempo para "desenchufarse" con un pasatiempo o una manualidad, con gimnasia, un juego de fútbol, o la actividad que quiera.

A continuación, escriba dos o tres actitudes que pueda cambiar para disminuir el estrés en su vida. Tal vez <u>no sea posible</u> cambiarlas pero anótelas de todos modos. ¿Se parecen a algún ejemplo anterior?

Actitud estresante	De qué manera produce violencia	Cómo disminuir o manejarlo mejor
1.		
2.		
3.		

Después de tanto hablar acerca de cómo reducir o eliminar el estrés, hablaremos sobre otro aspecto del estrés: su utilidad. Por extraño que parezca, el estrés puede cumplir un importante papel para mantener la vida en equilibrio. A veces, cuando la gente procura cambiar los motivos estresantes de su vida, no progresan y hasta experimentan más estrés. La preocupación por hechos estresantes, la confusión, culpar a agentes externos por las calamidades: todos ellos pueden ser modos de sobrellevar sentimientos profundos de frustración o infelicidad. Si estamos permanentemente preocupados por nuestros ingresos, no tendremos tiempo para darnos cuenta de que nuestro matrimonio o carrera no funcionan.

Si este fuera el caso, lo más probable es que no nos diéramos cuenta enseguida. Si nunca logramos manejar el estrés aunque lo intentemos, quizá debamos ver qué utilidad le estamos sacando al estrés en este momento de la vida.

No busque la perfección en la reducción del estrés. Haga lo mejor que pueda ahora. Ya mejorará con la práctica. Hasta el más maravilloso de nosotros experimenta estrés a veces.

Octava semana   Fecha:

1. Siga escribiendo en el Diario del enojo.

2. Haga los ejercicios del capítulo VIII.

3. Tómese tres tiempos-afuera de ensayo y todos los reales que fueran necesarios.

4. Siga haciendo los ejercicios de relajación durante esta semana, cuando le hagan falta.

CAPITULO VIII:

LOS SENTIMIENTOS Y LA COMUNICACIÓN

Anteriormente, en los capítulos IV y V, hablamos acerca del enojo, de cómo reconocerlo y manejarlo. El enojo es sólo uno de los sentimientos que experimentamos cada día. Sabemos que los sentimientos sirven para un propósito definido y que suelen aparecer cuando menos los esperamos. Este capítulo trata sobre la naturaleza de los sentimientos y sobre cuál es su utilidad en la vida cotidiana.

Ray nos fue enviado por la Corte para hacer *counseling*. Había agarrado a su mujer de los pelos para luego tirarla al piso de la cocina durante una discusión en la cena. Este era el tercer episodio de violencia en varios meses. Su esposa llamó a la policía, que lo arrestó y lo llevó a la comisaría. En vez de la cárcel o una multa, Ray tuvo la opción de hacer *counseling*. El la aceptó porque le preocupaba que su conducta estuviera fuera de control. Mientras conversábamos, Ray protestó por la injusticia del procedimiento penal:

"Beth me pegó con una cuchara dos semanas atrás y no llamé a la policía. Esa noche ella me provocó y sabía lo que yo iba a hacer." Cuando le preguntamos qué sentía por el arresto, contestó:

"Les dije: lo sentí como injusto. Ella no debió hacerlo". A medida que conversábamos se volvió claro que Ray usaba el término "sentir" de modo muy distinto al nuestro. Cuando expliquemos esa diferencia, resultará claro por qué tantos hombres tienen dificultades para hablar sobre sus sentimientos.

¿Qué son los sentimientos? Son una respuesta emocional interna a las experiencias, y nos hablan acerca del <u>valor</u> que tiene esa experiencia para nosotros. Hay muchas palabras para describir los sentimientos: extasiado, triste, frustrado, atemorizado, alegre, enojado, deprimido, todas describen respuestas emocionales internas.

¿Se le ocurren otras palabras que describan sentimientos que usted suele tener? Algunas palabras describen grados de sentimientos. Por ejemplo, "irritado" quiere decir un poco enojado, mientras que "indignado" quiere decir muy enojado. Otras palabras combinan diferentes sentimientos: "turbado" puede significar enojado y herido, por ejemplo.

Esto era parte del problema de Ray. Al tratar este tema, salió a la luz que él tenía una combinación de sentimientos y no sabía cómo ordenarlos. Estaba muy enojado con Beth, pero no se había dado cuenta de <u>cuánto</u>. También tenía miedo por las consecuencias del arresto, aunque una parte de él sentía alivio porque se estaba haciendo algo para que él pudiera controlar su violencia antes de que empeorara.

Cuando tenemos una respuesta emocional a algo, estamos evaluando lo que significa para nosotros. La mayoría de los hombres aprenden desde pequeños a hacer evaluaciones utilizando sólo medios racionales, el pensamiento. Es decir que ven algo y suman los pro y los contras. Luego emiten juicio sobre qué significa. Por lo general dejan de lado la respuesta emocional. Pensar y sentir son dos modos distintos de hacer la misma cosa. Ray usaba la respuesta racional: sumó los hechos y decidió que "era injusto". Sin embargo, dijo que <u>sentía</u> que era injusto. ¿Eso tiene sentido? La injusticia no es un sentimiento. A nuestro parecer, los sentimientos de Ray estaban confundidos y él no sabía como describirlos con precisión. Terminaba expresando <u>sentimientos</u> en términos de <u>pensamientos</u>.

Algo común entre los hombres es confundir los sentimientos con los pensamientos o con la observación. Por ejemplo:

"Siento que fue injusta."

"Siento que estás por abandonarme."

"Siento que estás tratando de hacerme enojar."

Estas afirmaciones en realidad quieren decir "yo siento-pienso" más que "yo siento". Una buena forma de distinguirlos es reemplazar las palabras "yo siento" por "yo pienso". Si tiene sentido, entonces es probablemente más una expresión de pensamiento u observación que una expresión de sentimientos. Nosotros podemos cambiar el "yo siento-pienso" por "yo siento" de la siguiente manera:

"Siento que fue injusto que llamaras a la policía."

"Me siento <u>herido</u> porque llamaste a la Policía."

"Siento que estás por abandonarme."

"Me siento <u>triste</u> porque estás por dejarme."

"Siento que estás tratando de enojarme."

"<u>No me gusta</u> lo que me estás diciendo."

El objetivo de expresar los sentimientos es comunicarle a los demás cómo experimentamos el mundo. Es decir, cómo nos afecta lo que ellos dicen o piensan.

A medida que conversamos, Ray se dio cuenta de que sus sentimientos le decían que se sentía herido, pero era el pensamiento el que le decía que no merecía aquello. Y hasta se sentía mejor al decir "me sentí herido" que "sentí que era injusto".

A continuación, hay una lista de palabras. Queremos que las diga en voz alta, quizá dos o tres veces. Pruebe distintos tonos de voz para cada palabra, o dígalas fuerte y despacio. Preste atención a sus sentimientos cada vez que diga cada palabra. ¿Qué sensación le producen? ¿Siente que algunas tienen que ver con usted y otras no? Escriba cualquier otra palabra que lo describa a usted en especial. Cuando haya terminado, subraye las tres palabras a las que responda con mayor intensidad.

Lista de sentimientos

entusiasmado	frustrado	herido	_____
tierno	asustado	celoso	_____
triste	satisfecho	afectuoso	_____
solo	deprimido	exaltado	_____
molesto	tímido	contento	_____

Si usted es como la mayoría de los hombres en nuestra sociedad, es probable que no siempre esté consciente de sus sentimientos. Hay muchos factores que se interponen. <u>Primero</u>: nos enseñan que los sentimientos no son tan importantes o que son peligrosos. A los hombres nos enseñan que los sentimientos son impredecibles, explosivos, poco masculinos, irracionales e injustos. Si un hombre exhibe sentimientos de enojo, lo que incluye la violencia, será visto como poderoso pero no confiable. Si muestra sentimientos suaves, probablemente será visto como débil y afeminado. Es muy difícil para un hombre cambiar esta imagen en la sociedad, aunque todos los hombres tienen sentimientos y también el impulso de expresarlos.

Además, cuando no estamos atentos a nuestros sentimientos, podemos evitar enfrentarnos a las consecuencias de estos sentimientos. A Ray le resultaba conveniente no darse cuenta de su enojo con Beth, por ejemplo. Una vez que lo supo, tuvo que hacer una elección respecto de qué hacer con ello: tragárselo, hacer una escalada de violencia o dirigirlo. Ninguna de estas alternativas le resultaba sencilla. Al reconocer el enojo, tenía que asumir que tenía miedo, lo cual no resulta cómodo. En general, es más fácil hacer de cuenta que los sentimientos no están o simplemente no verlos.

También podemos reprimir los sentimientos porque no queremos tener que lidiar con la respuesta de la otra persona a esas emociones. Aunque Ray se sintió mejor al decirnos "me siento herido" a nosotros, dudaba que pudiera decírselo a Beth. Le preocupaba que ella pudiera verlo como un débil y que le perdiera el respeto. Asimismo, temía volverse vulnerable ante ella y que ella aprovechara la oportunidad para herirlo aún más. Muchas veces, estas preocupaciones son reales, pero al ser conscientes de sus sentimientos, será su elección si quiere expresarlos o no, y de qué modo. Tal vez decida <u>no</u> expresarlos en situaciones que lo hagan susceptible de ser lastimado. Son <u>sus</u> sentimientos, y es usted quien tiene el control de manifestarlos.

Dados todos estos obstáculos y problemas, ¿por qué <u>habría</u> usted de querer conocer mejor sus sentimientos? Ya mencionamos parte de la respuesta a esto. Los sentimientos brindan información valiosa sobre nosotros mismo y sobre nuestros juicios de valor de las situaciones que atravesamos. Es nuestra experiencia que las decisiones basadas tanto en los pensamientos como en los sentimientos dejan mucho más contenta a la gente.

Otro argumento a favor de ser consciente de los sentimientos es que reduce el estrés. Los sentimientos en sí pueden producir estrés, pero el hecho mismo de reconocerlos y expresarlos puede reducir esa tensión. Si usted se ha separado de su esposa, es estresante manejar la tristeza que usted debe estar sintiendo. Si pone cara de contento para que nadie, ni siquiera usted, pueda ver la tristeza, el estrés se acumulará. Expresar la tristeza puede aliviarlo y, así, permitirle seguir adelante con su vida.

La toma de conciencia de los propios sentimientos también es un modo de protegerse. ¿De qué manera funciona esto? Los hombres suelen decir que se sienten manipulados por sus esposas o compañeras. En esta sociedad las mujeres generalmente tienden a ser más conscientes de sus sentimientos y los expresan más fácilmente que los hombres. En una pelea, el hombre suele utilizar su "lenguaje" de lógica y razón, y la mujer emplea un "lenguaje" distinto, de sentimientos y emociones. La expresión de sentimientos de la mujer tiene un efecto directo sobre los sentimientos del hombre, aunque él no lo advierta. El siente que sus sentimientos se remueven, no sabe qué sucede, y decide que está siendo manipulado. La consiguiente frustración puede derivar en una explosión violenta. Si el hombre logra estar atento a sus sentimientos, verá con claridad lo que sucede. En consecuencia, podrá expresar los propios sentimientos, y se sentirá menos frustrado y manipulado.

Existe otra razón importante para conocer los propios sentimientos. Podemos ser realmente efectivos y controlarnos en la relación si expresamos nuestros sentimientos de manera directa. Aquí es donde aparece el tema de la comunicación, y hablaremos de esto luego.

¿Cómo puede usted conscientizar sus sentimientos y expresarlos con mayor claridad? Ya dio el primer paso al pronunciar las palabras-sentimientos en este capítulo. Cuando las decía, quizá notó que no todas sus respuestas internas eran pensamientos o ideas. Los sentimientos también nos dan sensaciones físicas. En el capítulo IV nos referimos a las señales físicas del enojo, y quizá ya se haya vuelto hábil para reconocerlas. Tristeza, miedo, alegría, herida, todos ellos tienen sus propias señales físicas. Vuelva atrás y mire su lista de sentimientos. Preste especial atención a cada respuesta física a medida que pronuncia cada palabra. Escriba las tres palabras que subrayó en aquella ocasión, y anote al lado la correspondiente sensación física. Puede usar el ejercicio para reconocer otros sentimientos, tal como lo hizo con el enojo.

1. _____

2. _____

3. _____

Ahora, pruebe este experimento: Siéntese o recuéstese en silencio; tome conciencia de su respiración, tal como lo hizo en el capítulo sobre el control del estrés. Ahora, preste atención a la expresión de su rostro, siéntala en los músculos faciales y trate de visualizar cómo luce. No trate de cambiarla, déjela como está el tiempo que quiera. ¿Puede imaginar un sentimiento o una emoción vinculados con esa expresión? Preste atención a cada fantasía o imagen que entre en su conciencia. Algunas personas pueden experimentar una sensación de tristeza, por ejemplo, y quizás imaginar hechos de su vida que los hayan apenado. A medida que haga el ejercicio, probablemente note que su cara cambia de expresión varias veces en pocos minutos. Fíjese si puede sentir el humor asociado a cada una de ellas.

Ejercicios para identificar los sentimientos

Otro ejercicio para agudizar la conciencia de los sentimientos es enumerar situaciones particulares del pasado en que usted sí estuvo consciente de sus sentimientos. A medida que contesta las siguientes preguntas, trate de recordar qué respuestas físicas experimentó en cada situación.

Identifique 3 situaciones del último mes en que se sintió contento:

1. _____

2. _____

3. _____

Identifique 3 situaciones del último mes en las que se sintió triste:

1. _____

2. _____

3. _____

Identifique 3 situaciones del último mes en las que sintió miedo:

1. _____

2. _____

3. _____

Identifique 3 rasgos de su esposa, amante o amiga íntima que a usted le agradan:

1. _____

2. _____

3. _____

Identifique 3 rasgos de su esposa, amante o amiga íntima que a usted le disgustan:

1. _____

2. _____

3. _____

Identifique 3 rasgos de su esposa, amante o amiga íntima que a usted le recuerdan a usted mismo:

1. _____

2. _____

3. _____

¿Cómo se siente respecto de las cosas que le recuerdan a usted mismo? A veces lo que menos nos gusta de otras personas son las mismas cosas que nos disgustan de nosotros mismos.

El próximo paso después de tomar consciencia de los sentimientos, es expresarlos. Como ya dijimos, los sentimientos cumplen una función natural en ayudarnos a conocer cómo reaccionamos frente a las experiencias. También tienen una función natural en comunicar a los demás quiénes somos. De hecho, siempre comunicamos nuestros sentimientos a quienes nos rodean de algún modo u otro. Si no lo hacemos en forma directa, lo hacemos con la postura corporal, el tono de voz, el silencio o la expresión facial. Muchas veces tratamos de tapar lo que sentimos, y lo que decimos es muy distinto de lo que sentimos. Esto genera confusión, ya que decimos una cosa con las palabras y otra—quizás opuesta—con el tono de voz o los gestos. Esta confusión puede ser una máscara que nos hace sentir seguros, pero cuando hay confusión en una relación, hay menos confianza; y la relación va inevitablemente cuesta abajo. Por eso, poder ser eficaz en una relación íntima, poder mostrarse como realmente es, y construir una relación sólida y confiable, son todos factores que depende de que expresemos los sentimientos de manera directa.

¿Cómo se hace esto? Cada persona tiene su propio modo de expresar los sentimientos. Ya nos referimos a los modos directos de expresar enojo. ¿Cómo puede expresarle a su compañera que está triste? Algunos hombres pueden llorar, aunque no es sencillo hacerlo. Quizá baste con decir: "Estoy triste". Tal vez le pida a su compañera que lo abrace. Si piensa un poco, probablemente se le ocurran modos propios en que pueda mostrar tristeza.

Ahora pruebe este ejercicio. Imagine una situación en la que sintió miedo (tal vez alguna que anotó antes). Escriba tres modos mediante los cuales usted podría haber expresado ese miedo de manera directa. Use la imaginación y escriba lo que se le ocurra aunque no los puede poner en práctica ahora.

1. _____

2. _____

3. _____

Muchos hombres nos dicen que no pueden tomar conciencia de sus sentimientos hasta un tiempo después de que ocurren. Recuerde que es válido llenar los huecos después si no pudo reconocerlos en el momento en que ocurrieron. Si le dio tristeza o bronca que su esposa se fuera al cine cuando usted tuvo que trabajar toda la noche, puede decírselo al día siguiente. ¡Igualmente funcionará!

Una última palabra respecto de expresar los sentimientos. Los sentimientos son una herramienta para el entendimiento y la comunicación. Usted tiene el derecho de decir lo que siente; no tiene el derecho de esperar que la gente cambie debido a esos sentimientos. Allí está el riesgo: su pareja puede enterarse de lo que lo hiere y, aun así, elegir continuar haciendolo. Usted no puede hacer esa elección por ella. Ni siquiera puede manipularla para que elija hacer lo que usted desea. Si ella cambia su conducta es porque ve claramente quién es usted y cómo se siente, y no porque usted la obliga a cambiar. En el fondo, todos necesitamos confiar en la buena fe de nuestra pareja; y este es un paso difícil de dar. Si la confianza es pobre, se puede reforzar mediante la expresión directa de los sentimientos y de las necesidades, como explicaremos en el capítulo IX.

Tarea para el hogar: hablar de los sentimientos

Trate de hablar de sus sentimientos esta semana. Escriba, todos los días, cómo se sintió acerca de 3 cosas distintas que hizo, por ejemplo:

1. Tuve miedo porque llegué tarde al trabajo.

2. Me sentí contento de ver a un viejo amigo ayer.

3. Me sentí triste de estar sólo anoche.

Recuerde usar "Yo siento" en vez de comenzar la frase con "Tú . . . ".

Diario de emociones

Lunes: Me siento (sentí) _____

Me siento (sentí) _____

Me siento (sentí) _____

Martes: _____

_____

_____

Miércoles: _____

_____

_____

Jueves: _____

_____

_____

Viernes: _____

_____

_____

Sábado: _____

_____

_____

Domingo: _____

_____

_____

Novena semana   Fecha:

Antes de pasar al siguientes capítulo, llene el Diario de emociones según las instrucciones en el capítulo VIII, a lo largo de toda esta semana. Debe hacer tres anotaciones todos los días. Empiece las frases en primera persona ("yo") y escriba los sentimientos y una breve descripción del incidente.

El objetivo de llevar este diario es que usted comience a estar sensible a otras emociones que no sean el enojo. Tener conciencia de estos sentimientos y poder comunicarlos le permitirá sentirse más unido a los demás y mejor consigo mismo.

Siga escribiendo en el Diario del enojo durante esta semana. A esta altura, ya debería llenar todo el diario cada vez que escribe en él. Tómese tres tiempos-afuera de ensayo, además de los reales.

Décima semana   Fecha:

1. Siga escribiendo en el Diario del enojo.

2. Haga el ejercicio descripto en el capítulo IX.

3. Comience la tarea para el hogar que indica el capítulo IX.

4. Tómese tres tiempos-afuera de ensayo además de los reales que hagan falta.

5. Haga el ejercicio de relajación cuando lo necesite esta semana.

CAPITULO IX

CÓMO PEDIR LO QUE DESEAMOS Y CÓMO DECIR QUE NO

Quizá dos de las cosas más difíciles de hacer en una relación íntima sean: pedir lo que uno desea de manera directa y negarse a pedidos. Muchos de los hombres que atendemos no saben cómo pedir lo que desean, y entonces exigen y dan órdenes con hostilidad. Es un riesgo pedir lo que uno desea de modo claro, porque nos pueden rechazar el pedido y eso puede doler. De todos modos, la forma más directa de lograr lo que se desea es pidiéndolo. Por otra parte, los demás sin duda le harán pedidos. Usted tiene la opción de brindar lo que le piden y juntar resentimiento, o puede aprender a decir que no cuando no desee hacer algo. Muchos de los hombres en nuestro programa se la tragan cuando quieren decir que no y, por supuesto, sube la presión interna hasta llegar a una explosión.

Este capítulo intenta ayudarlo a practicar y, así, adiestrarlo para tomar consciencia de cuándo desea decir que no ¡y luego poder decirlo! Dedicaremos tiempo a practicar cómo hacer pedidos de manera directa, clara y sin intimidar.

Veamos qué dicen los expertos sobre por qué algunos tenemos dificultad para solicitar lo que deseamos y para decir que no.

Miércoles 22 de Julio, 1981. Sesión de grupo–San Francisco.

Consejero: ¿Por qué es tan difícil para la gente pedir lo que desea de manera directa y no intimidatoria?

Carlos: A mí me da miedo ser rechazado. Así que si doy miedo cuando pido, la gente seguramente me hará caso.

Esteban: Pero, eso es violencia psicológica. Creo que tengo temor de lo que la gente pueda pensar de mí. La mayoría de la gente <u>no</u> es muy directa.

Alan: Nadie me dijo que me portara de otro modo. Siempre creí que era mala educación pedir. Hasta recuerdo que mi madre me decía que era descortés pedir lo que uno desea; decía que si la gente se preocupaba por ti, sabrían lo que deseabas.

José: Como la mayoría de la gente no lo hace, pensarían que yo hacía mal en pedir. No me gusta que la gente piense eso de mí.

Juan: No sé de ustedes, pero yo no pido lo que deseo de modo directo, porque la otra persona puede negármelo, y esto significa que no le gusto. Supongo que así es como evito el rechazo.

Consejero: Y si no logran lo que desean, ¿de quién es la culpa?

Juan: De ella, por supuesto. Tendría que poder adivinarme el pensamiento.

(Risas del grupo)

Consejero: ¿Y con respecto a decir que <u>no</u>? ¿Por qué se lo evita?

Alan: Eso es fácil: cuando yo era niño, ¡me daban una gran cachetada en la cara cuando decía que no! El mensaje me llegó bien clarito: ¡eso no se hacía!

José: Supongo que temo no agradarle a la gente si digo que no.

Juan: Probablemente tema herirla si digo que <u>no</u>!

Esteban: Me parecería descortés que alguien me dijera que <u>no</u>. Por eso, supongo que los demás sentirían lo mismo.

Carlos: Como dije antes, temo el rechazo. Supongo que me rechazaron mucho de pequeño, y todavía me resulta un punto sensible. Da que pensar que yo deba usar todo tipo de violencia para que mi esposa no me diga que <u>no</u>, mientras que ella no tiene que hacer nada y yo hago todo lo que ella desea, aunque yo no quiera. Supongo que le es más fácil a ella decir que <u>no</u> que a mí.

Consejero: Supongo que yo tengo los mismos temores que todos ustedes. Si pido algo directamente, temo ser rechazado, o que la otra persona piense mal de mí. Si digo que no, temo que la otra persona se sienta herida y que, por eso, me rechace. Por alguna razón si digo que no, ¡no soy un buen tipo!

¿A usted qué le pasa? ¿Cuáles son algunas de las razones que le hacen difícil pedir lo que desea?

1. _____

2. _____

3. _____

4. _____

¿Cuáles son algunas de las razones que le dificultan decir que <u>no</u>?

1. _____

2. _____

3. _____

4. _____

El solo hecho de tener estos sentimientos o bloqueos no implica que estará condenado a cargarlos de por vida. La clave está en <u>adiestrarse</u> para cambiar estos patrones. ¡Empecemos por decir que <u>no</u>!

Decir que no

¿Cuándo fue la última vez que usted le dijo que <u>no</u> de manera directa a alguien? Si usted es como la mayoría de la gente, ni siquiera lo recuerda. Eso se debe a que, en general, rechazamos pedidos, pero de modo indirecto.

Por ejemplo, ¿cuándo fue la última vez que alguien le pidió que salieran, pero usted quería quedarse en casa? Lo más probable es que haya dicho: "Sí, iré contigo" o " Tengo una reunión de negocios" o "Tengo una cita con mi novia". Es difícil para la mayoría de la gente decir "No, no quiero salir esta noche".

Piense en la última vez que estuvo en una fiesta en casa de amigos y se sentía aburrido con deseos de irse. Al levantarse, el anfitrión le dijo: "Espera sólo un rato más". ¿Usted qué suele contestar en esta situación? ¿"No, realmente quiero irme" o "Tengo que levantarme temprano mañana" o "No me siento bien"?

Para muchos, la palabra <u>no</u> ni siquiera forma parte del vocabulario personal. En este caso, el primer paso para decir que no es simplemente acostumbrarse a pronunciar la palabra <u>no</u>.

Ejercicio para decir que no

El siguiente ejercicio se puede hacer con un amigo, el consejero, un casete o con uno mismo frente al espejo. Pida a un amigo (o grábese usted mismo) que diga "sí". Luego respóndale "no" en el mismo volumen. La persona que dice "sí" deberá variar el volumen, de muy suave a muy fuerte; y usted deberá igualar ese volumen en cada "no".

Los hombres que tienen dificultad para decir <u>no</u> suelen sentirse incómodos con este ejercicio. Tal vez le resulte difícil decir "no" ya sea en voz baja, media o fuerte.

¿Se siente cómodo cuando dice que <u>no</u> en voz muy alta?

      SI   NO   Describa cómo se siente.

¿Se siente cómodo cuando dice que <u>no</u> en voz intermedia?

      SI   NO   Describa cómo se siente.

¿Se siente cómodo cuando dice que <u>no</u> en voz baja?

      SI   NO   Describa cómo se siente.

¿A quién le puede decir que NO?

El próximo paso para aprender a decir que no consiste en encontrar cuáles son las personas y en qué situaciones le resulta más fácil decir que no, y comience a practicar desde allí.

A continuación damos una lista de personas con las que tal vez usted tenga contacto en la vida. Imagine que debe decirle que no a cada una de ellas. Escriba si le resultaría difícil, fácil o un tanto incómodo.

Ejemplo: Jefe: <u>difícil</u>

Padre: _____   Vendedor en un negocio: _____

Madre: _____   Encuestador telefónico: _____

Esposa o novia: _____   Colega: _____

Jefe: _____   Vecino: _____

Sacerdote o rabino: _____   Suegra: _____

Amigos: _____   Suegro: _____

Amigas: _____   Cuñada: _____

Hijo: _____   Primo: _____

Hija: _____   Hermano: _____

Nieto: _____   Hermana: _____

Nieta: _____   Abogado: _____

Policía: _____   Supervisor en el trabajo: _____

Consejero: _____   Vendedor de puerta a puerta: _____

Médico: _____   Su empleado: _____

Tarea para el hogar

Durante la próxima semana comience con aquellas personas a quienes le es más fácil decir que NO. Trate de rechazar los pedidos que honestamente no desee satisfacer. Anote a qué se niega, cómo se siente y cómo puede mejorar el modo de decirlo. Por ejemplo, se negó a prestarle dinero a un amigo y sentía miedo, ¿dijo <u>no</u> de manera directa? ¿o lo hizo de manera indirecta, como una escalada de enojo (echando culpas, insultando o pasando juicio), tragándose las ganas de decir que <u>no</u>. Solemos hacer una escalada o tragárnoslo cuando pensamos que no tenemos derecho a decir que <u>no</u> o cuando negamos el hecho de que queremos decirlo.

Si ninguna persona de la lista le pareció "fácil" para decir que <u>no</u>, comience con aquellas que anotó como "un tanto incómodo". Si anotó "difícil" al lado de todas, anímese y diríjase a la que intuye será más "fácil".

Repita este ejercicio durante varias semanas, y vaya incrementando la variedad de personas a quienes les puede decir que <u>no</u>. El objetivo no consiste en decirle que <u>no</u> a todo el mundo, sino en ser claro con usted mismo y con los demás respecto de lo que está dispuesto a hacer y qué no. Después de practicar, hasta puede comenzar a sentirse bien al decir que <u>no</u>.

<u>A qué cosas se negó</u>	<u>Cómo se siente</u>	<u>De qué manera puede mejorar</u>

"No quiero" versus "No puedo"

¿Cuál de estas expresiones usa usted cuando desea decir que no? La gente suele decir "no puedo" cuando quiere decir "no quiero". Existe una diferencia entre las dos expresiones. Cuando usted dice "no quiero", indica que hizo una elección, que eligió no ir o no hacer algo. Cuando usted dice "no puedo", sugiere que existe una fuerza más allá de su voluntad, que es la que le impide hacer algo. A veces puede ser cierto; por ejemplo salir a correr con una pierna enyesada o aceptar una cita para una fecha en que ya tenemos otros planes. Pero muchas veces que decimos "no puedo", en realidad estamos diciendo "no quiero". Trate de darse cuenta de qué palabras suele usar cuando se niega a un pedido.

¿Por qué?

Cuando usted le dice que no a alguien, la otra persona podrá preguntar ¿por qué? Es importante tomar esto en cuenta porque esta clase de situación puede terminar en una escalada y luego en violencia. Una de las ventajas de decir que no es que usted no le debe a nadie una explicación, si usted no lo desea. Sin embargo, quizá quiera explicarse. Si fuera así, debe hacerlo. Por ejemplo:

María: Juan, ¿me acompañas al mercado?

Juan: No, no quiero.

María: ¿Por qué no?

Juan: Porque no.

o

Estoy descansando, por eso no quiero levantarme e ir al mercado.

o

Estoy descansando, pero estoy dispuesto a acompañarte en una hora.

Ya sea que se explique o no, la otra persona puede insistir. Si esto sucede, quizás usted se enoje. De ser así, tome un tiempo-afuera.

Aprender a decir que no y a manejar las consecuencias requiere de mucha experiencia. Este puede ser un tema a tratar en consulta y tal vez para practicar con el consejero.

Pedir lo que queremos

¿Cuáles son las ventajas de pedir lo que uno desea? Esperamos que lo primero que se le haya ocurrido fue porque incrementa las posibilidades de conseguir lo que deseamos en la vida. Aunque no existe garantía de siempre lograrlo, las posibilidades son mejores si pedimos que si esperamos que los demás nos adivinen el pensamiento. La persona que recibe el pedido tiene tanto derecho como nosotros a decir sí o no, con o sin explicación. Con esto en mente, comencemos a ensayar esto de pedir lo que deseamos.

Ejercicio

Ponga en el piso dos sillas enfrentadas. Tome asiento en una e imagina que su esposa o compañera está en la otra. Haga los siguientes pedidos para ver qué siente al pedir. ¿Se siente más cómodo con algunos temas que con otros?

1. Quiero que me prestes 5 pesos.

2. ¿Estarías dispuesta a ayudarme a limpiar el garaje?

3. Hoy quiero estar solo.

4. Quiero que hagamos el amor.

5. ¿Me prestas 100 dólares?

6. ¿Me abrazas? Estoy asustado.

7. ¿Puedes acostarte a mi lado esta noche?

8. Quiero dormir solo esta noche.

9. Quiero salir contigo el jueves.

10. Quiero hablar tranquilamente.

11. ¿Me besas?

12. Quiero saber por qué estás enojada conmigo.

13.¿ Puedes ocuparte de los niños hoy?

14. ¿Cómo te sientes hoy?

15. Ahora quiero leer el diario. ¿Podemos hablar más tarde?

16. Quiero tomar un tiempo-afuera.

Revise la lista anterior y asigne a cada pedido un número del 1 al 5 de acuerdo a la dificultad (1 es el más fácil y 5 el más difícil). Explique por qué algunos son más difíciles.

Con quiénes podemos ser más francos en cuanto a nuestra voluntad

Este es el mismo ejercicio que hicimos para decir que no. Pero, ahora nos toca pensar en las personas a quienes podemos pedirles de manera directa. Anote si es difícil, fácil o un tanto incómodo.

Ejemplo: Madre: <u>un tanto incómodo</u>

Padre: _____   Vendedor: _____

Madre:_____   Encuestador telefónico:_____

Esposa o novia: _____   Colega: _____

Jefe: _____   Vecino: _____

Sacerdote o rabino: _____   Suegra: _____

Amigos: _____   Suegro:_____

Amigas:_____   Cuñada: _____

Hijo:_____   Primo: _____

Hija: _____   Hermano: _____

Nieto: _____   Hermana: _____

Nieta:_____   Abogado:_____

Policía: _____   Supervisor: _____

Consejero:_____   Vendedor de puerta a puerta: _____

Médico: _____   Su empleado: _____

Tarea para el hogar

Del mismo modo que en la tarea para decir que no, es más fácil pedir lo que queremos si comenzamos por hacer pedidos a personas con quienes les resulte menos difícil expresarse con libertad: busque en la lista las personas que categorizó como "fácil" o "un tanto incómodo". Haga tres pedidos esta semana. Escriba el pedido, cómo se sintió y cómo puede mejorar la forma de expresarlo. ¿Fue directo o indirecto? (escaló o se lo tragó). Formule el pedido en primera persona("yo") y con claridad. Utilice los ejemplos presentados anteriormente como guía para realizar pedidos.

Pedido	**¿Cómo se sintió?**	**¿Cómo puede mejorar?**

Seguridad, inseguridad y agresividad

Comportarse con seguridad: es la clase de conducta que venimos describiendo en este capítulo además de otras partes del libro. Es un intento de comunicarle a alguien las propias necesidades, pensamientos y sentimientos en forma clara y directa. La conducta insegura es lo contrario: no se comunican las necesidades, los pensamientos ni los sentimientos.

Las personas pueden ser inseguras por diferentes razones, algunas de las cuales ya tratamos.

Así como la conducta insegura es un extremo, la agresividad es otro extremo. La agresividad es no interesarse por los derechos de los demás. La persona puede ser dominante, defensivo, hostil o humillante. Puede ser que expresen necesidades, pensamientos y sentimientos, pero siempre a expensas de los demás. Es nuestra opinión que la agresividad y las conductas inseguras son dos razones por las que los hombres se vuelven violentos.

Piense en esta ecuación: inseguridad = tragárselo

agresividad = escalar

seguridad = dirigirlo

Está claro como dos de las tres pueden terminar en violencia.

Pero, aunque la violencia no ocurra, la inseguridad (tragárselo) y la agresividad (hacer una escalada de enojo) igualmente tendrán un efecto en usted. Puede terminar sintiéndose culpable, con menos autoestima, con ausencia de confianza personal y mal con respecto a la relación. En cambio, quienes pueden comportarse con seguridad (dirigirlo) suelen sentirse bien con ellos mismos y con la relación.

Al igual que sucede con poder reconocer el propio enojo y con tomarse un tiempo-afuera, comportarse con seguridad también lleva tiempo para aprender. No puede esperar cambios drásticos enseguida. Sí puede esperarlos con el tiempo. ¿Cuánto tiempo? Eso depende de usted: cuanto más practique, menos tiempo le llevará.

Durante las semanas que vienen, siga practicando para poder decir que no y para pedir lo que desea. Escriba en el Diario del enojo. Tomarse tiempos-afuera es parte de comportarse con seguridad. ¡Tómelos cuando lo necesite!

Décimoprimera semana   Fecha:

Durante la próxima semana, haga tres pedidos y niéguese a tres pedidos todos los días. Estos ejercicios son muy importantes, porque a muchos de los hombres que vienen a consulta, les resulta difícil hacer pedidos, y aún más decir que no. Si este es su caso, haga los ejercicios. Si no le es tan difícil, hágalos igualmente: tal vez pueda aprender algo sobre usted mismo.

Escriba en el Diario del enojo esta semana. Cuanto más lo haga, más fácil le resultará aprender a vivir sin violencia. Haga los ejercicios de relajación cuando haga falta. No deje de tomarse los tiempos-afuera de ensayo, además de los reales que hagan falta.

CAPITULO X

EL ALCOHOL Y OTRAS DROGAS

Como dijimos en la introducción, entre el sesenta y el ochenta por ciento de los incidentes con violencia son casos en que las personas consumieron alcohol o drogas antes o durante la violencia. Podemos interpretar estas estadísticas de diversos modos:

1) El alcohol y las drogas provocan la violencia del hombre

2) Los hombres violentos son alcohólicos o drogadictos

3) La presencia del alcohol y de las drogas durante la violencia es sólo coincidencia

4) El alcohol y otras drogas son sólo formas que tiene el hombre de hacer frente a sus problemas.

1) El alcohol y otras drogas producen violencia

A la fecha, no existe evidencia de que el alcohol cause conductas violentas. Lo que sí sabemos es que una persona bajo la influencia del alcohol puede estar más predispuesta a la violencia, porque el alcohol disminuye las "inhibiciones". Además, personas que están en abstinencia o tienen "resaca" pueden estar irritables y son propensas a perder el control de su enojo. Cuando alguien está alcoholizado tiene <u>menos</u> control sobre su conducta. Pero aún así, existe todavía responsabilidad en la elección de beber y de beber más de la cuenta. Es también su elección—si es que no puede controlarse cuando bebe—hacer o no un tratamiento para alcohólicos. Al igual que con el alcohol, la marihuana, la cocaína, el *speed*, etcétera, no vuelven a alguien violento, sino que lo predisponen a estar irritable, ya sea mientras consume o cuando se está acabando el efecto.

Una droga que sí está directamente vinculada con conductas violentas es el P.C.P. o "polvo de ángel". Debido a los efectos que tiene en el cerebro, la persona puede violentarse bajo sus efectos. En algunos pocos casos, los hombres se violentan <u>sólo</u> cuando están bajo los efectos del alcohol o las drogas. En ese caso, deben dejar de usar tal droga para detener la conducta violenta.

2) Los hombres violentos son alcohólicos o drogadictos

Las personas consumen alcohol o drogas por diferentes razones. No todo el que bebe es alcohólico, ni todo el que usa drogas es un adicto. Cada caso debe ser evaluado por un profesional especializado.

3) Es una coincidencia

<u>No</u> es coincidencia que sea tan alto el porcentaje de episodios de violencia doméstica en que estén presentes el alcohol o las drogas. Los hombres que no pueden manejar los conflictos terminan por encontrar algún modo de hacerles frente. El modo puede ser la violencia, el alcohol o las drogas.

Los hombres violentos se siente mal por ello, y enfrentan esa tristeza y dolor con el alcohol o las drogas. Por desgracia, en vez de ayudarlos, sólo empeora las cosas.

4) El alcohol y otras drogas son otras formas que tiene el hombre de hacer frente a sus problemas

Es nuestra creencia que en la mayoría de los casos, el alcohol y otras drogas son problemas separados pero relacionados. Están separados porque no son la única causa de la violencia. Se relacionan en que los problemas o motivos estresantes que le hacen perder el control del enojo pueden ser los mismos que lo llevan a consumir alcohol o drogas.

Ejercicio para el alcohol y otras drogas

El cuestionario siguiente puede ser útil para determinar si existe un problema de alcohol o drogas en la familia. Lo más importante es contestar cada pregunta del modo más honesto posible. Si el problema existe, busque ayuda en un programa de tratamiento de alcoholismo o drogadependencia (el cuestionario es válido para el uso de otras drogas).

¿Es usted alcohólico?   SI   NO

1. ¿En ocasiones bebe mucho después de un disgusto, una pelea o cuando su jefe lo trata mal?

2. Cuando tiene un problema o se siente presionado, ¿bebe más que de costumbre?

3. ¿Nota que puede beber más Alcohol que cuando recién comenzó a beber?

4. Cuando usted se levanta a la "mañana siguiente", ¿suele descubrir que no logra recordar parte de la noche anterior, aunque sus amigos digan que usted no se desmayó?

5. Cuando bebe con otras personas, ¿trata de tomar unos tragos extras cuando los demás no están mirando?

6. ¿Existen situaciones en las que se siente incómodo si no está permitido el alcohol?

7. ¿Ha notado que al comenzar a beber, usted está más ansioso por tomar el primer trago que antes?

8. ¿Hay ocasiones en que se siente culpable por beber?

9. ¿Se siente irritado cuando sus amigos o familia hablan de cuánto bebe?

10. ¿Ha notado que últimamente hay más períodos en blanco en su memoria?

11. ¿Suele desear seguir bebiendo cuando sus amigos ya están satisfechos?

12. ¿Suele tener un motivo cuando bebe en exceso?

13. Cuándo está sobrio ¿suele lamentar lo hecho o dicho cuando bebía?

14. ¿Probó cambiar de marca o seguir distintos planes para beber menos o dejarlo del todo?

15. ¿Rompió reiteradas veces la promesa hecha a usted mismo de controlarse o de dejar de beber?

16. ¿Alguna vez cambió de empleo o se mudó para intentar controlar lo que bebe?

17. ¿Trata usted de evitar familiares o amigos cuando bebe?

18. ¿Tiene usted cada vez más problemas laborales y financieros?

19. ¿Siente que cada vez más gente lo trata a usted injustamente sin ninguna razón?

20. ¿Come usted poco o irregularmente cuando bebe?

21. ¿Tiene, a veces, temblores por la mañana y encuentra que le hace bien beber un poco?

22. ¿Ha notado últimamente que ya no puede beber como lo hacía antes?

23. ¿La borrachera le dura días en ocasiones?

24. ¿Se siente deprimido aveces, y se pregunta si vale la pena vivir?

25. ¿A veces, después de períodos en que bebe, ve u oye cosas que no están?

26. ¿Siente mucho temor después de una borrachera?

Si contestó que sí a alguna de las preguntas, tiene alguno de los síntomas que indican alcoholismo.

"Respuestas afirmativas" a varias preguntas indican escalas de alcoholismo.

Preguntas: 1 - 9   Etapa temprana

9 - 22   Etapa media

22- 26   El inicio de la etapa final

Recuerde que los alcohólicos se pueden recuperar. Hay tratamientos disponibles. Para más información, comuníquese con Alcohólicos Anónimos.

¿Es usted un co-alcohólico?

Un co-alcohólico es alguien quiere a o está cerca de un alcohólico, alguien que se ve envuelto y afectado por un alcohólico. Las estadísticas indican que el alcoholismo de una persona afecta un promedio de cuatro personas más.

Alguna vez: **SI   NO**

1. ¿Sintió vergüenza del comportamiento de alguien que conoce después que bebió.

2. ¿Vació botellas de alcohol para evitar que alguien bebiera?

3. ¿Sintió que su comportamiento hizo beber a alguien?

4. ¿Amenazó con dejar a alguien porque bebía demasiado?

5. ¿Llamó al trabajo de alguien para dar una excusa porque esa persona debía faltar por la gran ingesta de alcohol del día/noche anterior?

6. ¿Se enojó porque se descuidó su familia para poder gastar tanto dinero en alcohol?

7. ¿Sintió miedo por lo que pudiera sucederle a sus hijos si se seguía bebiendo en su casa?

8. ¿Salió a buscar a alguien, que usted creía estaba bebiendo en alguna parte?

9. ¿Llamó a bares, vecinos, amigos, buscando a alguien que usted creía estaba bebiendo en algún lado?

10. ¿Incrementó su propio consumo de alcohol por estar al lado de un bebedor?

11. ¿Pensó en mudarse y empezar de nuevo para solucionar el problema de la bebida en su familia?

12. ¿Sintió repulsión por cómo bebían otros?

13. ¿No pudo dormir porque alguien se quedó afuera hasta tarde bebiendo o ni siquiera volvió a casa?

14. ¿Se sintió enojada/o porque alguien de su familia o cercano a usted bebe mucho?

15. ¿Se sintió desesperanzada/o acerca de una situación de alcohol?

16. ¿Sintió vergüenza de hablar de un problema con el alcohol?

17. ¿Redujo sus actividades para poder controlar a alguien que bebe?

18. ¿Regaña o pelea con alguien que bebe?

19. ¿Sintió que si el bebedor sólo dejara la bebida, todo estaría bien?

Las respuestas <u>sí</u> a varias de estas preguntas pueden indicar que usted es un co-alcohólico. Para más información, contáctese con el servicio de alcoholismo.

Décimotercera semana   Fecha:

Siga escribiendo en el "diario del enojo" esta semana. Anote cada vez que escribe si consumió alcohol dentro de las seis horas del enojo. ¿Utiliza el alcohol u otras drogas para poder anular el enojo y otras emociones que lo incomodan? Intente contestar a esta pregunta con honestidad. Una vez que haya completado el cuestionario sobre alcoholismo, ¿cree usted que tal vez haya un problema con el alcohol en la familia? Si fuera así, existen lugares a los cuales recurrir. Trataremos este tema en el capítulo XI.

No deje de tomarse los tiempos-afuera de ensayo, además de los reales que hagan falta, toda esta semana. Haga los ejercicios de relajación cuando necesite relajarse o des-estresarse. Después de una semana de escribir en el "Diario del enojo" tomando en cuenta el uso del alcohol y las drogas, pase al último capítulo que habla acerca de "Qué hacer ahora".

SEMANA XIV

1. Haga los ejercicios del capítulo XI. Lea los capítulos XII y XIII.

2. Siga escribiendo en el "Diario del enojo". Debe hacer una anotación todos los días.

3. Tómese tres tiempos-afuera de ensayo además de todos los reales que hagan falta.

4. Esta semana haga los ejercicios de relajación para relajarse.

CAPITULO XI

QUÉ HACER AHORA

¡Felicitaciones! Completó 13 semanas de autoayuda: *Aprendiendo a vivir sin violencia.*

Como dijimos al principio del libro, estos ejercicios no fueron escritos para solucionar todos los problemas de su relación. El objetivo fue ayudarlo, ya sea por su cuenta o con el apoyo de un consejero, a aprender nuevos modos de manejar el enojo y otros sentimientos.

Es nuestra opinión que una consulta semanal es de gran importancia en esta etapa. Usted está tratando de cambiar un patrón de su conducta, y tal como cuando aprendemos nuevos hábitos, esa se resistirá al cambio. *Counseling* le brindará apoyo y un mayor conocimiento de sí mismo, lo cual le ayudará a seguir por el camino que desea.

Otra razón para hacer *counseling* es que a medida que usted cambie, también deberá cambiar la comunicación con su pareja. Es difícil acomodarse a nuevas formas de comunicación. Por lo tanto, alguna guía le será útil. Si no cambia las formas de comunicarse con su pareja o, simplemente no logra comunicarse, hay peligro de que vuelva a la conducta violenta.

Vuelva al capítulo sobre el alcohol y otras drogas. ¿Tiene un problema con el alcohol o las drogas? Si lo tiene, lo instamos a que entre en un programa para eso. Durante estos años, fue nuestra experiencia que los hombres con el problema adicional de la adicción necesitan atender el problema con *counseling* porque, de otro modo, la violencia y los tantos otros problemas continuarán dentro de la relación. Si sospecha que pueda ser un problema, acérquese a los servicios de Alcohólicos Anónimos de la zona. Busque información sobre centros de tratamiento en el directorio telefónico. Si no está seguro de si el alcohol y las drogas son un problema para usted, llamar a uno de estos centros y hablar con un profesional puede ayudarlo a esclarecer la cuestión.

Donde hay violencia familiar, existe un alto índice de separación o divorcio. Sabemos del dolor y la pérdida que cada miembro de la pareja sufre en esta separación, aún cuando la relación haya sido dolorosa. Dejar ir a la pareja es como dejar ir una parte de uno mismo. Sin embargo, a veces es la única posibilidad. La mayoría de los hombres que experimentan esta pérdida ven dañada su autoestima. Sus deseos y planes se pierden en la nada y pueden sentirse impotentes para lograr lo que más desean en el mundo. A veces se preguntan si vale la pena seguir.

Existen varios pasos importantes que se puede dar para sentirse mejor con uno mismo. Primero: no aislarse de las amistades. Posiblemente sean más comprensivos de lo que usted espera. Pueden ayudarlo a ordenar sus ideas y a obtener un panorama claro de dónde está parado en este cambio. Segundo: utilice esta oportunidad para averiguar quién es usted. Además de ser parte de una pareja, usted es un individuo con sus propias necesidades, gustos y preferencias. Frecuentemente, cuando una persona deja una relación, descubre que hacía mucho tiempo que ignoraba importantes partes de sí mismo. Por último, haga cosas que le hagan bien. Escriba qué cosas le hacen sentir bien y haga por lo menos una por día: ¡usted se lo merece!

También se puede trabajar los problemas con el enojo y la violencia aunque ya no se esté conviviendo. Muchos hombres pasan por varias relaciones antes de comenzar a poder manejar sus problemas. Igualmente se puede tomar <u>tiempos-afuera</u> de ensayo y escribir en el Diario del enojo para que la próxima vez que inicie una nueva relación, esté mejor preparado para manejar el enojo y los conflictos.

¿Cuánto progresó?

A esta altura, ya debe llevar meses intentando cambiar su manera de manejar el enojo. Revisemos algunos de esos cambios.

¿Qué cambios pudo notar en usted mismo durante los últimos 14 meses?

1. _____

2. _____

3. _____

4. _____

¿Estos cambios afectaron a su pareja, amigos o familia?

SI NO   ¿Cómo?

1. _____

2. _____

3. _____

4. _____

¿Qué cambios hubo con respecto al reconocimiento, el control y la expresión del enojo? Revise el Diario del enojo desde el principio. ¿Qué tipo de cambios observa en lo que anotó desde que comenzó?

Mire las fechas. ¿Existe una diferencia en la frecuencia con la que anotaba?

SI NO   ¿Cuál?

Fíjese en la intensidad. ¿Hubo un cambio en los niveles de enojo que anotaba en el diario?

SI NO

Lea acerca de las señales físicas y psíquicas. ¿Hubo cambios en el tipo de señales que indicaban enojo?

SI   NO

¿Cuáles fueron esos cambios?

¿Acaso hay algunas señales psicológicas o físicas que solamente aparecen con cierto grado de enojo? (por ejemplo: dolor de estómago sólo con 7 - 10 ó aislamiento sólo con 1 - 3)

SI   NO

¿Cuáles son ellas?

Fíjese en la irritación. ¿Encuentra algún patrón en el tipo de situaciones que lo enojaban?

SI   NO

¿Cuáles son?

¿Hubo cambios en la frecuencia con que tomaba los tiempos-afuera; con que se lo tragaba; hacía una escalada de enojo; o lo dirigía?

SI   NO

Descríbalos

¿Nota usted alguna diferencia en sus expresiones en primera persona?

SI   NO

Descríbalos

¿Nota usted algún patrón en las actividades físicas (por ejemplo, hablaba cuando el enojo era de menor grado, pero hacía algo más físico cuando era de mayor grado)?

SI   NO

Descríbalos

¿Nota usted incremento o disminución en su uso del alcohol o las drogas?

SI   NO

Descríbalos

El Diario de enojo puede transformarse en un barómetro que indique cómo cambió y en qué necesita seguir trabajando más. Lo instamos a que siga usando el diario, aún cuando finalice este manual, para medir el cambio en su forma de reconocer y controlar el enojo.

Al revisar todos los ejercicios anteriores, tal vez vea cambios sin saber con exactitud cómo ocurrieron. Por lo general hasta para los consejeros puede ser difícil establecer cómo ocurrieron los cambios. Hemos aprendido que no hace falta saber por qué se dio un cambio, para que este sea válido. Buscar razones suele ser una manera de dudar de nosotros mismos y de no sentirse bien. Quizás en el futuro usted mire hacia atrás y vea sus propias razones con mayor claridad.

A medida que transcurra el tiempo, tal vez se convierta en un experto en el manejo del enojo. Muchos hombres se sienten bien al ayudar a otros que tienen problemas con el enojo y la violencia. Lo alentamos a tomar la iniciativa si tiene un amigo o conocido con este problema. Tal vez le agradezca el hecho de que usted comparta su experiencia.

CAPITULO XII

CÓMO ENCONTRAR UNA *COUNSELING* EFECTIVO

Muchos hombres que llegan al programa nos comentan que les ha sido difícil encontrar ayuda para este problema. Este capítulo explica algunas cuestiones acerca del tema de buscar un consejero. Esperamos que le sea útil.

La definición de *counseling*

A lo largo de este manual, hemos usado las palabras *counseling* o *consejero*. Dado que somos profesionales en salud mental, a veces damos por sentado que toda la gente conoce a qué nos referimos con estas palabras. Comencemos con algunas definiciones:

Consulta: mutuo intercambio de ideas, opiniones, etc., deliberación.

Counseling: 1. aconsejar; 2. recomendar; instar a aceptar una línea de acción, un plan, etc.

Consejero: persona que aconseja o hace *counseling*.

En términos generales, el consejero es alguien que aconseja, alguien que puede ayudar a desarrollar un plan de acción para cambiar. En este caso, hablamos de ayudar a alguien a cambiar el modo de comunicar el enojo y de manejar los conflictos, el estrés y la frustración

Clases de consejeros

Los consejeros pueden tener distintos títulos o diplomas, que nos dirán con qué clase de entrenamiento profesional cuentan y qué enfoque terapéutico utilizan. En términos generales, podemos hablar de seis clases de consejeros:

1. Consejero de familia, de pareja o de niños

2. Facilitador

3. Psicólogo

4. Consejero religioso

5. Trabajador social

Consejeros de familia, de pareja o de niños

Por lo general, trabajan con problemas de pareja o de relación. También pueden trabajar con niños. Suelen tomar en cuenta a toda la familia en su trabajo, y muchas veces piden verla a toda al mismo tiempo. Además, pueden trabajar con parejas, con individuos y con grupos.

Facilitadores

Algunos tienen entrenamiento profesional y otros no. Su fuerza reside en la propia experiencia, en su interés personal por problemas específicos. Los facilitadores suelen trabajar en el campo del maltrato a menores, la prevención del suicidio y la adicción al alcohol y a las drogas. Hay una cantidad de programas que utilizan un método que incluye el apoyo de facilitadores. Estas personas suelen trabajar con grupos o individuos, pero también pueden trabajar con parejas y familias.

Psiquiatras

Estos son médicos que se ocupan del estudio y del tratamiento de trastornos de la psiquis. Pueden recetar medicamentos para problemas psíquicos graves, como la depresión, la psicosis, el alcoholismo o la drogadicción. A veces trabajan dentro de o conjuntamente con un centro médico, para aquellas personas que requieren de internación. Por lo general, los psiquiatras trabajan con individuos y con grupos, pero también pueden trabajar con parejas y con familias.

Psicólogos

Tratan con la conducta humana y estudian las causas de esa conducta y cómo modificarla a través de técnicas variadas, que se llaman psicoterapia. Los psicólogos no pueden recetar medicación. Por lo general, trabajan con individuos, pero también pueden trabajar con grupos, parejas y familias.

Consejeros religiosos

Por lo general, son curas, ministros, pastores o rabinos. Ayudan a las personas a cumplir con las enseñanzas de la fe que profesan. Esta clase de *counseling* generalmente tiene una orientación religiosa y es muy común que vean a una persona durante algunas sesiones y luego la deriven a un centro de servicio público. A menudo, el consejero religioso es la primera persona con la que el sujeto habla acerca de sus problemas. Los consejeros de este tipo suelen ver a individuos y, a veces, a parejas. En algunos casos, dirigen grupos.

Trabajadores sociales

Parten de la comunidad de donde viene la persona, para ayudarla a cambiar. El trabajador social conoce los recursos comunitarios de los que se puede disponer para problemas específicos. Históricamente, en sus comienzos, los trabajadores sociales fueron miembros activos de la comunidad, que ayudaban a mejorar la calidad de vida dentro de esa comunidad. Estos profesionales trabajan con individuos, parejas, familias y grupos.

Diferentes enfoques hacia el *counseling*

Las descripciones que acabamos de dar son en rasgos muy generales. No es nuestra intensión dar a entender que todos los psiquiatras recetan medicación, que todos los trabajadores sociales emplean recursos públicos, ni que todos los consejeros religiosos se atienen únicamente a la religión. *Counseling* es un trabajo muy individualista. La mayoría de los profesionales se siente incómodo con un cartel que defina qué hacemos de manera muy estricta. Lo común es que cada uno recaude métodos e ideas de diferentes campos hasta construir un enfoque que funcione bien para ese profesional.

De esta manera, hemos llegado a diferentes estilos de trabajo a partir de las distintas teorías que explican de qué manera funcionan las personas. A su vez, esas teorías tienen algo que ver con las personalidades de las personas que las desarrollaron. El resultado es que no existe un enfoque que funcione de igual manera para todos. Es más, para una misma persona, el estilo que mejor funciona en determinado momento quizá no sea el más indicado en otro momento de su vida. También hay que tomar en cuenta que los estudios que comparan distintos enfoque de *counseling* revelan que la efectividad depende más de la personalidad y la experiencia del consejero, que del estilo que emplee.

Sin dejar de tomar en cuenta todo esto, es nuestra experiencia que hay un estilo particular que, para la mayoría de los hombres, resulta efectivo para eliminar la violencia doméstica de sus vidas. Las bases son la educación para manejar el enojo, y el trabajo sobre la comunicación y la autoestima. Otras clases de *counseling* pueden resultar útiles en general, pero tal vez no se concentren en la eliminación de la violencia como primera medida. Este libro presenta nuestro enfoque, pero hacer *counseling* individual o grupal pueden aportar mucho más.

Cómo buscar lo que desea

A continuación, veremos paso a paso cómo puede encontrar el mejor programa o consejero para usted.

Primer paso: Comuníquese con un programa para hombres golpeadores

Están apareciendo programas que se especializan en este problema. Por lo general, están dirigidos por hombres (y a veces por mujeres) que tienen gran comprensión del tema. Son personas que ya han trabajado con muchos individuos y que probablemente comprendan sus necesidades personales. Estos programas suelen estar anotados en la guía telefónica. La policía o servicios de salud pública también pueden tener información.

Si no logra encontrar un programa específico para hombres golpeadores, proceda al segundo paso.

Segundo paso: Comuníquese con un albergue o programa para mujeres golpeadas

Los albergues, o refugios, para mujeres golpeadas son sitios (con ubicación secreta por lo general) donde las mujeres pueden hallar refugio de una situación de abuso. Estos programas suelen tener una línea de emergencia que atiende las 24 horas. Allí suele haber información acerca de programas y profesionales idóneos en la zona, que brindan ayuda a hombres y mujeres. Si no encuentra este número en la guía, puede buscar bajo la línea de emergencia para suicidas o para la denuncia de abuso de menores.

En el caso de que no hubiera un refugio o programa para mujeres golpeadas en la zona, proceda al tercer paso.

Tercer paso: Comuníquese con otras líneas de emergencia

Busque en las páginas amarillas los números de teléfono para los siguientes servicios:

1. Consejeros de familia, pareja o niños

2. Psiquiatras

3. Psicólogos

4. Trabajadores sociales

Bajo cada uno de estos ítems, encontrará los nombres de organismos y de individuos. Los organismos suelen tener una lista de profesionales de la cual elegir, además ofrecen honorarios reducidos.

Elija varios nombres y llame a cada uno de ellos. Tal vez sea una buena idea hablar un rato por teléfono o, quizás usted desee hacer una cita para verlos en persona. Lo importante es ser directo y contarles sobre la violencia y la necesidad de aprender a manejar el enojo de otra manera. No se sienta inhibido de preguntarles acerca de su entrenamiento y experiencia. Es importante que se sienta bien con la persona que lo ayude. Debe confiar en su propia intuición, pues si no está cómodo con un consejero, es probable que deje de asistir a las reuniones.

La familia y los amigos

Como es evidente, nosotros estamos convencidos de la efectividad del *counseling* para ayudarlo a eliminar la violencia y a llevar una vida más satisfactoria. Sin embargo, existe un recurso fundamental que no hace falta buscar en las páginas amarillas: la familia y los amigos.

A lo largo de la vida, los hombres aprendemos a creer que debemos resolver los problemas solos, sin pedir ayuda. Esto hace que nos sintamos aislados, aun de los que más nos quieren, cuando las cosas no salen bien. Este aislamiento, agregado a la presión de ser absolutamente autosuficientes, más allá de lo humano, puede producir un estrés severo. Y, cuanto más "al borde" se encuentre, más propenso estará a estallar sin aviso.

Esta es la razón por la cual alentamos a los hombres que atienden nuestros grupos a que hablen con sus familias y con otros hombres sobre los problemas que enfrentan en casa. Comience con personas que usted sabe que lo quieren. La familia puede dar apoyo y comprensión, a veces sin importar la situación. Muchos hombres sienten que los amigos son de gran ayuda, porque pueden escuchar sin parcialidad, mientras que un familiar quizás emita juicio sobre lo que oye. Estos hombres sostienen que lo más difícil fue comenzar a discutir estos problemas con un amigo, y que luego resultó que ¡el amigo tenía un problema similar! Es nuestra experiencia que los amigos son más comprensivos de lo que esperamos, siempre y cuando podamos discutir los problemas con franqueza.

Si no llegara a tener a quién recurrir, es todavía más importante que encuentre un consejero en quien confíe. Tal vez sea buena idea pensar en modos de crear amistades más cercanas en el futuro. El consejero podrá ayudar a crear un plan para hacer amigos y reducir la soledad.

Preguntas comunes:

Pregunta: ¿Es mejor que vea un consejero hombre o mujer?

Respuesta: Algunos hombres dudan acerca de cuál de los dos le resultará mejor para esta tarea. Es nuestra opinión que es mucho más importante tener en cuenta la experiencia y el entrenamiento del profesional, y que no se debe elegir en base a su género. Sin embargo, algunos hombres no se sienten cómodos discutiendo la violencia y el enojo con una mujer, así como hay hombres que se sienten incómodos hablando de estos temas con un hombre. La elección dependerá de la preferencia de cada uno. De existir dudas, es buena idea hablar del tema con el consejero en la primera entrevista.

Pregunta: ¿Es mejor que haga un tratamiento individual, grupal o de pareja?

Respuesta: Cada uno tiene sus ventajas. La del grupo es que existe la oportunidad de hablar y recibir apoyo de otros hombres que están pasando por la misma experiencia. El tratamiento individual permite que el hombre reciba atención más especializada, lo cual permite concentrarse en problemas o temas de fondo. Una vez que el hombre haya aprendido a controlar el enojo y haya dejado su conducta violenta, es necesario que pueda trasladar estos logros a su pareja. Por eso, solemos recomendar *counseling* en pareja únicamente cuando el hombre ya ha podido hacer estos cambios personales.

Es nuestra experiencia que una vez que se detiene la violencia en la relación, surgen a la superficie otros problemas, como dificultades de comunicación, luchas por el poder, dependencia en exceso y posesividad. Estos problemas suelen ser mejor resueltos en tratamientos de pareja. Uno de los errores que cometen tanto los hombres como las mujeres (¡y hasta los terapeutas!) es intentar hacer esta clase de terapia demasiado pronto. Para que pueda funcionar, es necesario que se haya detenido la violencia; y para ello, el hombre debe asumir su responsabilidad personal. Esto también le dará la fuerza para dar el primer paso hacia una nueva relación positiva.

Los periódicos nos informan sobre la cantidad de "disputas familiares" y "riñas de enamorados" que terminan en la muerte. Al igual que con otros problemas, solemos creer que sólo le sucede a los demás. Sin embargo, es posible que le suceda a usted. Es por esto que insistimos en decir que debe detener la violencia antes que nada, luego dedíquese a solucionar los problemas de fondo que pueden haber contribuido al conflicto.

CAPITULO XIII

EL SISTEMA DE JUSTICIA Y USTED

Golpear a alguien es ilegal. Es un crimen de asalto y agresión, sin importar a quién se golpee: esposa, amante, amiga o jefe. La policía puede llevar detenido a alguien por golpear a su esposa o amante.

Muchos de los hombres que llegan a nuestros grupos lo hacen porque la corte les indica que tienen que hacerlo. A veces, el fiscal de distrito hace que se retire la denuncia y le aclara al hombre que se le está dando una segunda oportunidad. En ocasiones el caso llega al tribunal y quizá deba cumplir una sentencia y libertad condicional. Esto último es la situación en que el sujeto debe informar periódicamente a un oficial de la corte acerca de su situación.

En los casos de violencia familiar, es común que el hombre deba recibir tratamiento obligatorio durante el período de libertad condicional. Estamos de acuerdo con este proceso judicial. Aunque algunos hombres necesitan pasar un tiempo en la cárcel para darse cuenta de su error, la mayoría no podrá avanzar solamente con una sentencia. Es nuestra opinión que si los individuos supieran cómo resolver sus problemas por su cuenta, nunca habría habido problemas para empezar. *Counseling* puede proporcionar los conocimientos necesarios para evitar recaer en la conducta que lo metió en problemas en el principio.

Cuando se le da libertad condicional a un agresor, nosotros insistimos para que la corte fije la condición de salud mental. De esa manera, esa persona tendrá la oportunidad de aprender nuevas técnicas para manejar el enojo. En ese caso, se le exige al hombre que haga *counseling* como una condición de la libertad condicional.

En el estado de California, en los Estados Unidos, hay una ley desde 1980 que se llama *Domestic Violence Diversion* ("Desviación de la violencia familiar"). *Diversion* (desviación) es un término legal que significa que se desvía, o se canaliza, al sujeto del sistema judicial hacia un programa de rehabilitación o *counseling*. Esto lleva muchos más años de existencia en el área de la drogadicción y el alcoholismo, pues se volvió evidente que multar o encerrar a estas personas no hacía que dejaran su adicción. Sus problemas serían mejor resueltos con tratamientos que con castigos.

Cuando se pone bajo arresto a una persona, en California, por hechos que constituyen una forma de violencia doméstica (pueden ser asalto, agresión o perturbar la paz), se la puede "desviar" del sistema legal hacia un tratamiento o programa de reeducación durante un tiempo no menor que seis meses y no mayor que dos años. La duración la deciden en conjunto la corte, el oficial de libertad condicional y el consejero. Una vez que la persona haya completado la canalización de manera exitosa, se retiran los cargos y su historial queda limpio. Esa es la recompensa por hacer la canalización: un historial limpio.

No todos los agresores son aptos para este sistema. Existen requisitos estrictos respecto del historial de arresto anterior. Además, el sujeto debe reconocer que <u>tiene</u> un problema con el enojo y la violencia. La persona que fue arrestada y tiene posibilidad de entrar en este programa debe aprovecharlo y no sentirse obligado. Es una posibilidad de aprender cómo manejar el enojo, el estrés y la frustración, cómo lograr una vida más feliz.

Gran parte de los hombres que llegan a nuestro programa terminan por decirnos que se alegran de haber tenido que venir, pues de otro modo, hubieran tratado de simplemente "aguantar". Esa es la razón por la cual se implementó el programa de desviación en el sistema judicial: para aquellas personas que normalmente no buscarían tratamiento al menos que fueran obligadas. Si somos sinceros, veremos que todos nos hemos visto forzados a hacer cosas en la vida que no queríamos hacer, y con el tiempo nos alegramos de que nos obligaran. Se puede encontrar beneficio en el tratamiento, aunque se asista sólo por obligación.

Una última palabra

Esperamos que se sienta satisfecho con el lugar que ha alcanzado con la ayuda de este libro, y que esté en condiciones de advertir hacia dónde tiene que ir de aquí en más. Una última sugerencia: retome y relea este manual en los próximos meses. Revise los temas para ver de qué manera siguen siendo válidos para usted y para ver cómo cambió su punto de vista. ¡Buena suerte!

APENDICE I

EL DIARIO DEL ENOJO

El Diario del enojo en sí mismo es una herramienta poderosa para ayudar al hombre a tomar conciencia de su enojo, aprender a controlarlo y a expresarlo. Sugerimos que se escriba en él todos los días y que se lo llene entero. A continuación, hemos agregado una muestra que llenaron otros hombres y que debe servir de guía. Desde luego que las anotaciones de cada persona serán distintas, pero cuanto más se use el diario, más fácil será aprender a vivir sin violencia.

Diario del Enojo

Fecha	17/3/82	18/3/82
Intensidad	1 2 3 ④ 5 6 7 8 9 10	① 2 3 4 5 6 7 8 9 10
Señales Fisicas	Músculos tensos en la frente. Tensión en pecho y brazos.	Me dolía un poco el estomago.
Señales en la Conducta	Levanté la voz, empecé a caminar de un lado al otro con el puño cerrado.	Empecé a burlarme de mi esposa.
Situacion	Llegó me esposa. Era mi cumpleaños e íbamos a salir a cenar.	Ella quería que le llevar unas hojas a la fotocopiadora cuando yo no tenía tiempo.
Tomó un tiempo-afuera?	☑ Sí ☐ No Comentarios 1 hora	☑ Sí ☐ No Comentarios 1 hora
Se lo tragó? Entró en una escalada de enojo? Lo dirigió?	☑ Se lo tragó? ☐ Entró en una escalada de enojo? ☑ Lo dirigió? Comentarios Al principio y luego lo dirigí.	☑ Se lo tragó? ☐ Entró en una escalada de enojo? ☑ Lo dirigió? Comentarios Sí al principio, pero tomé un tiempo-afuera. Cuando tomé un tiempo-afuera.
Frases en primera persona ("Yo")	<u>Me siento</u> Estoy enojado porque llegaste a casa tarde. Voy a tomarme un tiempo-afuera.	<u>Me siento</u> Estoy enojado. Tengo que salir de aquí. No me quiero poner violento.
Actividad física	Pasear al perro.	Ir al almacén en bicicleta.
Consumo de alcohol o drogas 6 horas antes o después	☐ Sí ☑ No Comentarios	☐ Sí ☑ No Comentarios

Diario del Enojo

Fecha	29/3/82	30/3/82
Intensidad	1 2 3 4 ⑤ 6 7 8 9 10	1 2 3 4 5 6 7 ⑧ 9 10
Señales Fisicas	Tensión en el pecho Tensión y latidos en la cabeza	Respiración forzada Me rechinaban los dientes Estómago muy tenso
Señales en la Conducta	Le di la espalda y empecé a irme	Me callé y sólo la miraba fijamente
Situacion	La habitación es un desorden porque mi novia estuvo hacienda manualidades en la cama.	Había almorzado con su antiguo novio.
Tomó un tiempo-afuera?	☑ Sí ☐ No Comentarios	☑ Sí ☐ No Comentarios Lo necesitaba con desesperación
Se lo tragó? Entró en una escalada de enojo? Lo dirigió?	☑ Se lo tragó? ☑ Entró en una escalada de enojo? ☑ Lo dirigió? Comentarios Sí, hasta que ella llegó a casa. Cuando llegó, la empecé a insultar. Después de un rato le dije que estaba enojado	☐ Se lo tragó? ☑ Entró en una escalada de enojo? ☑ Lo dirigió? Comentarios Empecé a maldecir insultar. Le dije que me sentia herido y enojado.
Frases en primera persona ("Yo")	Me siento Estoy furioso! Necisito un tiempo-afuera.	Me siento Estoy enojado, celoso y vulnerable. Tengo que salir de aquí o voy a perder control.
Actividad física	Fui a correr.	Fui a correr.
Consumo de alcohol o drogas 6 horas antes o después	☐ Sí ☑ No Comentarios	☑ Sí ☐ No Comentarios 2 vasos de vino antes de la pelea

Diario del Enojo

Fecha		
Intensidad	1 2 3 4 5 6 7 8 9 10	1 2 3 4 5 6 7 8 9 10
Señales Fisicas		
Señales en la Conducta		
Situacion		
Tomó un tiempo-afuera?	q Sí q No Comentarios	q Sí q No Comentarios
Se lo tragó? Entró en una escalada de enojo? Lo dirigió?	q Se lo tragó? q Entró en una escalada de enojo? q Lo dirigió? Comentarios	q Se lo tragó? q Entró en una escalada de enojo? q Lo dirigió? Comentarios
Frases en primera persona ("Yo")	Me siento	Me siento
Actividad física		
Consumo de alcohol o drogas 6 horas antes o después	q Sí q No Comentarios	q Sí q No Comentarios

Diario del Enojo

Fecha		
Intensidad	1 2 3 4 5 6 7 8 9 10	1 2 3 4 5 6 7 8 9 10
Señales Fisicas		
Señales en la Conducta		
Situacion		
Tomó un tiempo-afuera?	q Sí q No Comentarios	q Sí q No Comentarios
Se lo tragó? Entró en una escalada de enojo? Lo dirigió?	q Se lo tragó? q Entró en una escalada de enojo? q Lo dirigió? Comentarios	q Se lo tragó? q Entró en una escalada de enojo? q Lo dirigió? Comentarios
Frases en primera persona ("Yo")	Me siento	Me siento
Actividad física		
Consumo de alcohol o drogas 6 horas antes o después	q Sí q No Comentarios	q Sí q No Comentarios

APENDICE III: Evaluacion

1. Le parecieron faciles de entender los Capitulos 1 y 2?

   Si o   No o

   Comentarios _____

   _____

   _____

2. Le parecieron utiles los ejercicios y tareas para el hogar contenidos en este libro?

   Si o   No o

   Comentarios _____

   _____

   _____

3. Que cambios le haria a este libro para que le resultara mas util?

   _____

   _____

   _____

   _____

4. Le gustaria tener alguna otra infomacion o asistencia?

   Si o   No o

   Como podriamos ponernos en contacto con usted?

   _____

   _____

   _____

Por favor, envie esta evaluacion a:

Aprender a vivir sin violencia
Volcano Press
P.O. Box 270
Volcano, CA 95689